戦後 賃金の軌跡

鉄鋼・電機企業の検証

田口和雄 【著】

中央経済社

はしがき

　1990年代以降，経営体質の強化を図るために，日本企業は経営改革に取り組み，それに連動して賃金制度の再編が進められている。
　それは高度経済成長の下で形成された年功をベースとした賃金制度を，能力や成果を重視する制度に組み替えようという動きである。こうした動きが賃金制度の構造そのものをどの程度変える動きなのか。また，構造そのものを変えるとすればどこに向かおうとする動きなのか。この問いを明らかにするために，本書は「賃金制度は経営環境に規定される」という原則に立って賃金制度の変遷の特質を確かめている。

　こうした問題意識をもつのは，次のことがある。第1に，賃金制度はそれ自身が単独で形成されているのではなく，経営環境の下で企業が経営目標を実現するために展開する人事戦略にしたがって形成されていること，第2に，現在の賃金制度はこれまでの幾多にわたる改定を経て形成されており，一時点の変化を詳細に分析するだけでは表層的な分析にとどまってしまうことである。
　賃金制度の長期的な変遷の特質を確認するには個別企業の丁寧な実証研究が必要であり，本書はこうした視点に立って分析している。本書が賃金の学問にいささかの貢献を果たすことができるならば，望外の幸せである。

　本書は，日本企業における第二次世界大戦後の賃金制度の変遷の特質を個別企業の実証研究によって明らかにした博士論文の一部を，加筆修正し

たものである．本書のベースである博士論文作成に際して，ご指導いただいた今野浩一郎先生に深く感謝を申し上げる．このテーマ自体は博士後期課程在学中に決まっていたが，筆者の力不足もあり研究活動が難航し，在学中に取りまとめることができなかった．大学院を離れ，研究者の道を進み出してからも，常に気に掛けていただき，研究を続けることを励ましてくださった．テーマが決まってからおよそ20年の歳月を経て，ようやく博士論文を書き終えることができた．改めて今野先生には深く感謝申し上げるとともに，取りまとめが遅れたことをお詫び申し上げる．

　博士論文は多くの方々から温かいご指導，ご支援をいただいた．まず史料収集に際しては，鉄鋼労連（日本鉄鋼産業労働組合連合会，現・基幹労連〔日本基幹産業労働組合連合会〕），電機連合（全日本電機・電子・情報関連産業労働組合連合会）の関係者にお世話になった．歴史研究は一次史料をいかに集めるかが大きなカギとなる．本研究へのご理解と，資料収集へのご協力をいただいた両組織にお礼申し上げる．収集した史料の読み込みに平行して，当時の賃金制度の運用実態を丁寧にとらえるため，各時代に第一線で賃金問題を担当していた方々にお話を伺った．新日本製鐵株式會社については千葉利雄氏（元鉄鋼労連常任顧問）に，株式会社東芝については日ごろ研究活動でお世話になっている岩崎馨氏（日本生産性本部労働研究センター事務局長）の紹介で梅原志朗氏（金属労協〔全日本金属産業労働組合協議会〕顧問）に，戦後の変遷の概観を伺うとともに，史料の読み込みのアドバイスをいただいた．さらに梅原氏のご尽力を得て，宮下正次氏（元東芝労連〔東芝労働組合連合会〕中央執行委員長），高橋昭太郎氏（元東芝労連書記長），枝広正純氏（元株式会社東芝勤労部次長）にお話を伺う機会を得ることができた．

本書では，賃金制度の長期的な変遷の特質を明らかにするため，個別企業の経営指標を用いた統計分析を行っている。篠崎武久氏（早稲田大学教授）にはその分析方法について大変お世話になり，長年，研究活動でお世話になっている大木栄一氏（玉川大学教授），立道信吾氏（日本大学教授）の両氏からは，本論文に対して様々なアドバイスやご厚情をいただいた。

　また，博士論文の副査である鈴木恒夫先生（学習院大学教授），佐藤厚先生（法政大学教授）から，論文の改善すべき点について，数多くのご指摘と貴重なアドバイスをいただいた。すべてを論文に反映できたか甚だ自信が持てないが，今後の研究につなげていきたい。

　他にも多くの方々からご教示，ご支援を頂戴した。紙幅の都合で，一人ひとりのお名前をあげることはできないが，この場を借りてお礼申し上げる。

　博士論文の作成に際しては，労働問題リサーチセンター研究助成，文部科学省科学研究費補助金を受け，本書の出版に際しては勤務先の高千穂大学から出版費助成をいただいた。感謝申し上げる。出版社の中央経済社には，厳しい出版事情のなかでの本書の出版をお引き受けいただき，また，同社経営編集部の市田由紀子氏にお世話になった。

　最後になるが，研究の道を進むことを快く後押ししてくれた両親に，そして陰ながら支えてくれた家族に感謝したい。

2016年12月

田口　和雄

目　次

はしがき

序　章　なぜいま賃金制度を検証するのか ─── 1

第1節　問題意識　2

第2節　賃金制度の理論的フレームワークと歴史研究の分析理論　3
　1．賃金用語の混乱　3
　2．賃金と賃金管理と賃金制度
　　　─賃金制度の理論的フレームワーク　4
　3．歴史研究の分析理論と分析方法　6

第3節　戦後の賃金制度の変遷に関わる先行研究の検討　9
　1．マクロ分析を用いた研究成果　9
　2．個別企業の事例分析による研究成果　15
　3．既存研究の論点整理　─成果と限界　24

第4節　本書の課題と研究方法　25
　1．本書の課題と研究対象　25
　2．研究方法　27

第5節　本書の構成　27

第Ⅰ部　新日本製鐵株式會社における賃金制度の変遷

第1章　年功賃金完成期（高度成長前夜期)——33

第1節　はじめに　—経営戦略と時代区分　34

第2節　企業経営を取り巻く環境と終戦直後の人事・賃金制度（1945年）　37
  1．企業経営を取り巻く環境　37
  2．終戦直後の人事・賃金制度（1945年）　38

第3節　身分制の廃止と賃金体系の整理を目的とした人事・賃金制度改訂（1947年）　40
  1．制度改訂の概要　40
  2．人事・賃金制度の概要　40

第4節　職分制度の導入を基軸とする人事・賃金制度の改訂（1953年）　43
  1．制度改訂の概要　43
  2．人事制度の概要　44
  3．賃金制度の概要　45

第2章　年功賃金と能力主義賃金の並立期（高度成長期）——53

第1節　職務給の導入を伴う賃金制度改訂（1962年）　54
  1．制度改訂の概要　54
  2．賃金制度の概要　55

第2節　職掌制度と工場別能率給の導入を伴う人事・賃金制度改訂（1967年）　59

1．制度改訂の概要　59
　　　2．人事制度の概要　59
　　　3．賃金制度の概要　62
　第3節　新日本製鐵の発足における人事・賃金制度改訂
　　　　（1970年～1973年）　67
　　　1．制度改訂の概要　67
　　　2．人事制度の概要　68
　　　3．賃金制度の概要　72

第3章　能力主義賃金への段階的移行促進期
　　　　（安定成長期からバブル経済期）　──── 81

　第1節　定年延長に伴う人事・賃金制度改訂（1981年～
　　　　1982年）　82
　　　1．制度改訂の概要　82
　　　2．人事制度の概要　83
　　　3．賃金制度の概要　85
　第2節　能力重視型賃金を目指した賃金制度改訂（1987
　　　　年～1988年）　89
　　　1．制度改訂の概要　89
　　　2．賃金制度の概要　91

第4章　能力・成果主義賃金の拡充期
　　　　（1990年代後半以降）　──── 101

　第1節　人事・賃金制度改訂（1995年・1997年）　102
　　　1．制度改訂の概要　102
　　　2．人事制度の概要　103

3. 賃金制度（1997年）の概要　106

　第2節　戦後の賃金制度の変遷を整理する　108

第Ⅱ部　株式会社東芝における賃金制度の変遷

第5章　年功賃金世襲期（高度成長前夜期）——— 115

　第1節　はじめに ─経営戦略と時代区分　116

　第2節　企業を取り巻く経営環境と終戦直後の人事・賃金制度（1946年）　119
　　　1. 企業を取り巻く経営環境　119
　　　2. 終戦直後の人事・賃金制度（1946年）　120

　第3節　賃金体系の整理を目的とした賃金制度改定（1947年）　121

　第4節　工員の資格制度統一と作業給導入に伴う人事・賃金制度改定（1952年）　123
　　　1. 制度改定の概要　123
　　　2. 人事・賃金制度の概要　124

第6章　年功賃金と仕事賃金の並立期（1960年代～1990年代）——— 129

　第1節　身分制廃止と仕事給導入に伴う人事・賃金制度改定（1964年）　130
　　　1. 制度改定の概要　130
　　　2. 人事制度の概要　131

　　　　3．賃金制度の概要　134

　第2節　資格制度一本化を目的とした人事・賃金制度改定（1977年）　141

　　　　1．制度改定の概要　141
　　　　2．人事制度の概要　142
　　　　3．賃金制度の概要　142

　第3節　仕事給見直しを目的とした賃金制度の改定（1986年）　145

第7章　能力・成果主義賃金への段階的移行期（2000年以降） ── 155

　第1節　カンパニー別処遇制度の導入（2000年〜2003年）　156

　　　　1．制度改定の概要　156
　　　　2．人事制度の概要　157
　　　　3．賃金制度の概要　161

　第2節　戦後の賃金制度の変遷を整理する　165

第Ⅲ部　日本企業の賃金制度の変遷の特質

第8章　戦後の賃金制度の変遷の特質 ── 173

　第1節　分析の枠組み　―賃金制度の特質のとらえ方　174
　第2節　新日鐵の賃金制度の変遷の特質　176
　　　　1．高度成長前夜期の賃金制度の特質　176

    2．高度成長期の賃金制度の特質　176
    3．安定成長期からバブル経済期の賃金制度の特質　180
    4．1990年代後半以降の賃金制度の特質　184

第3節　東芝の賃金制度の変遷の特質　187
    1．高度成長前夜期の賃金制度　187
    2．高度成長期・安定成長期の賃金制度　189
    3．2000年以降の賃金制度　190

終章　これからの日本の賃金制度の方向 ―総括と展望　193

第1節　総括 ―賃金制度の変遷の特質を整理する　194
    1．賃金制度の変遷の特質を整理する視点　―生産性との関連で　194
    2．新日鐵　196
    3．東　芝　198
    4．結論 ―日本企業の賃金制度の変遷の特質　201

第2節　展望 ―賃金制度改革の方向を考える　213

第3節　今後の研究課題 ―全従業員の全賃金要素を含めた賃金制度の分析を目指して　214

資　料　インタビュー調査の実施概要　217
参考文献　219
索　引　229

序章

なぜいま賃金制度を検証するのか

第1節　問題意識

　本書の目的は，日本の主要産業である鉄鋼産業と電機産業の代表的企業である新日本製鐵株式會社[1]（以下，新日鐵）と株式会社東芝（以下，東芝）を事例として取り上げ，日本企業における第二次世界大戦後（以下「戦後」）の賃金制度の変遷の特質を実証的に検証することである。

　1990年代以降，経営体質の強化を図るために，日本企業は経営改革に取り組み，それに連動して賃金制度の再編を進めている。それは，高度経済成長の下で形成された年功をベースとした賃金制度を，能力や成果を重視する制度に組み替えようという動きである[2]。こうした動きが賃金制度の構造そのものをどの程度変える動きであるのか，構造そのものを変えるとすればどこに向かおうとする動きであるのかを明らかにするには，「賃金制度は経営環境に規定される」という原則に立って，賃金制度の変遷の特質を確かめることが役に立つと考えられる。

　このように考える背景には，次のことがある。第1に，賃金制度はそれ自身が単独で形成されているのではなく，経営環境の下で企業が経営目標を実現するために展開する人事戦略にしたがって形成されていること，第2に，現在の賃金制度はこれまでの幾多にわたる改定を経て形成されており，一時点の変化を詳細に分析するだけでは表層的な分析にとどまってしまうことである。賃金制度の長期的な変遷の特質を確認するには個別企業の丁寧な実証研究が必要であり[3]，本書のねらいはこの点にある。

第2節　賃金制度の理論的フレームワークと歴史研究の分析理論

1．賃金用語の混乱

　賃金制度をはじめとする賃金研究をめぐる問題の1つに，賃金用語の混乱がある。これは，同じ賃金に関わる用語でもその内容が異なっていたり，あるいは同じ内容でも別の言葉が用いられたりするためであり，氏原（1961：115-123）をはじめとして，野村（2007：225-226），梅崎（2008a：74）がこの問題を指摘している。この点について氏原は，第1に，日本の賃金問題が現実的な社会問題となってから日が浅く，賃金用語が国民共有の知的財産となっていないこと，第2に，そのような状況のなかで多くの外来語や翻訳が無秩序に輸入され，混乱を増幅したこと，第3に，賃金用語が労使対立のなかであまりにも政治的に使われてきたこと，の3点を指摘している。

　また，野村は，氏原の指摘に加えて，次の3つの点を指摘している。第1に，賃金用語の混乱が依然として解決されないままにあること，第2に，会社ごとに賃金用語が大きく異なっていること，第3に，社会で広く使われる賃金用語は，明確な定義が欠如しているにもかかわらずイメージ的には明快であるかのような印象を与えているため，会社関係者，労働関係者，研究者やエコノミストなどが賃金用語が混乱しているという事実を認識していないこと，である。

　さらに梅崎は，第1に，人事の実務家による膨大な量の著作がその時々の新しい賃金制度について語っていることが，結果的に用語の混乱を招い

たこと，第2に，多くの日本企業は欧米の賃金制度を模倣して導入しているので，結果的に曖昧な翻訳語の乱立を招き，さらなる混乱を生み出していることの2点を指摘している。

総じて，賃金用語の混乱を引き起こしている要因は，賃金用語が定義・概念の社会的な合意のないままに次から次に作られ，現在に至っていることにある。賃金用語の定義・概念を検討することが本書の目的ではないが，本書は賃金制度を分析対象としているため，その理論的フレームワークを以下で提示したい。

2．賃金と賃金管理と賃金制度
―賃金制度の理論的フレームワーク

まず，賃金の定義から確認する。労働基準法第11条では賃金を「賃金，給料，手当，賞与その他名称の如何を問わず，労働の対償として使用者が労働者に支払うすべてのもの」と定義している（厚生労働省労働基準局 2011：160）。つまり，企業が従業員に労働の対価として支払う経済的報酬全体を賃金ととらえているが（笹島 2001：3），企業の実態からすると広すぎる定義であり，経営でいう労働費用に対応している。この労働費用は，現金で支払われる現金給与と，退職金，福利厚生費などからなる現金給与以外の労働費用（付加給付）とに分かれ，賃金は前者の現金給与に対応し，それに関わる分野が「賃金管理」である。

さらに，賃金管理は大きく2つの分野から構成される（今野・中央職業能力開発協会 2007：162-171）。第1の分野は，「総額賃金管理」である。企業にとって賃金総額をどの程度にするかが問題になり，これに関わる賃金管理が総額賃金管理である。こうして賃金総額が決まると，個々の従業員の賃金（個別賃金）をいくらにするかが問題になり，これに関わる管理

が「個別賃金管理」で，賃金管理の第2の分野である。賃金制度は賃金総額を個人へ配分するルールであり，これによって個別賃金が決まることから，個別賃金管理において賃金制度が最も重要な分野になる。

　賃金制度の設計に際しては，2つの重要な点がある。第1の点は，賃金要素の組み合わせの決め方である。日本企業の賃金は，一般に基本給，賞与・一時金，手当等の複数の賃金要素から構成されている。なぜなら，賃金には多様な効果が期待され（たとえば，企業の長期的な成長への従業員の貢献を促す効果，従業員の短期的な成果を促す効果など），1つの賃金要素でそのすべてに応えることが難しいからである。そのため，企業は複数の賃金要素を組み合わせて賃金制度を設計している。そうなると，賃金要素をどのように考えるかが問題になる。賃金は，従業員の企業にとっての価値の金銭的な表現であり，それには長期的な評価に基づく価値と短期的な評価に基づく価値がある。それに対応して，賃金には長期の評価に対応する安定的な賃金の「長期給」と，短期の評価に対応する変動的な賃金の「短期給」の2つがあり，これらが賃金要素の基本構成となる。賃金の構成を設計する際の重要な点は，この長期給と短期給をどのように組み合わせるか，つまり長期給と短期給の構成比率をどのように設定するかである。これは，企業を越えて共通する制度設計上の考慮点であるが，長期給と短期給の具体的な構成比率は企業の人事戦略に沿って決定される。また，日本企業の一般的な賃金制度に当てはめてみると，基本給と手当が代表的な長期給に，賞与・一時金が短期給に当たる。

　このようにして賃金の構成が決まると，賃金要素ごとに決定基準（つまり，個人への配分ルール）を決める必要があり，これが賃金制度設計の第2の重要な点である。短期給は一般的に短期的な成果に連動して決まるので，問題は長期給である。その設計に際しては，企業にとって価値ある働きによって従業員を序列化し，高く位置づけられた従業員には高い賃金を

支払うという,従業員間の公平性を確保するための「内部公平性の原則」と,賃金は外部の市場のなかで競争力を持った水準に設定される必要があるという「外部競争性の原則」の2つの原則に準拠する必要がある。

　このように賃金制度は多様な形態が考えられ,それらのなかからどの形態を選択するかは企業の人事戦略に基づいて決定される。本書では,多様な賃金要素のなかから,労働力の長期的価値を表現する長期給としての所定内賃金の中心をなす基本給(以下「基本賃金」)に主に焦点を当てたいと考えている。なお,賃金制度は企業によって多様であり,どの賃金要素を基本賃金とするかは難しい問題であるが,本書では所定内賃金から諸手当を除いた部分を基本賃金ととらえている。

3. 歴史研究の分析理論と分析方法

3.1 分析理論

　本書が扱う,賃金制度を中心にした賃金の歴史的な実証研究に関わる代表的な分析理論には賃金構造論と賃金体系論があり,以下ではこれらを検討する。

3.1.1 賃金構造論

　賃金構造論は,労働市場における労働の価格としての賃金がどのように分布しているか,さらに労働者グループ間にどのような格差がみられるかを考察する,主に労働経済学で用いられる分析理論である(舟橋1967：48)。これには分析対象によって2つの分野があり,産業,企業規模,地域などの企業属性に基づくのが「企業間賃金構造」(external wage structure),学歴,年齢,勤続年数,職務,職務遂行能力などの労働力の個人属性に基づくのが「企業内賃金構造」(internal wage structure)で

ある。前者は企業の属性を通じた経済構造に規定される傾向にあるのに対し，後者は個別企業における労務管理や賃金管理に規定される傾向にある（舟橋 1961：295，1967：47-49）。

賃金構造論によって，本書の問題関心である賃金制度が個別企業においてどのような変遷を遂げてきたかを検証することは難しい。その理由は，「賃金格差」や「賃金水準」の特質を政府等の労働統計データを用いて分析することに焦点を当てているため，賃金要素の構成比率のデータを用いて分析している先行研究が一部あるものの[4]，企業内で労働者の賃金がどのように決定されているのかを明らかにできないからである。

3.1.2 賃金体系論

賃金体系は従業員個々人の賃金を決定する仕組みのことであり（笹島 2001：20），賃金水準を重視する賃金構造論に比べ，賃金の決め方を重視している点に違いがみられる。なお，この場合の賃金は基本賃金を中心としている。というのも，基本賃金が一般に個々の従業員の賞与や退職金の支給額を算出する際の基準額に利用されている等の意味で，賃金のなかで最も重要な要素であるからである。

賃金体系論の分析方法には，時々の代表的な賃金体系を取り上げてその変化を俯瞰的に観察するマクロの方法（以下「マクロ分析」）と，特定の業種・企業の賃金体系の推移を観察するミクロの方法（以下「個別企業の事例分析」）の2つの方法がある（小野 1969）。なお，一般に賃金制度は賃金体系と同じ意味で用いられることが多いと指摘されることもあるが（笹島 2001：4），賃金体系は所定内賃金の賃金要素の組み合わせとその決め方を対象としているのに対し，賃金制度の扱う範囲は所定内賃金に加えて賞与・一時金などの賃金要素までも含めている。後述する先行研究の検討では，この賃金体系論をベースとした研究成果を取り上げる。

以上，歴史研究における分析理論の特徴を確認してきたが，歴史研究において確認しておくべき点がもう1つある。それは歴史研究における分析手法であり，次にそれを検討する。

3.2　分析手法 ─オーラル・ヒストリーを用いた分析アプローチ

　歴史研究は文書史料をもとに分析するのが基本であるが，1990年以降，オーラル・ヒストリーの分析手法[5]を用いて，賃金制度の設計に携わった関係者等から直接話を聞き取った口述記録をもとに賃金制度の変遷を検証する研究成果が蓄積されはじめた。その代表的な研究成果に福岡（2002），政策研究大学院大学C.O.Eオーラル・政策研究プロジェクト（2003），楠田・石田（2004），梅崎・南雲・八代（2008），梅崎（2008b）等がある。

　福岡（2002）は，新日鐵の人事処遇制度の変遷について，同社に長年勤務していた立場から検証しており，そのなかで，賃金制度については職務給導入の経緯を取り上げている。政策研究大学院大学C.O.Eオーラル・政策研究プロジェクト（2003）と楠田・石田（2004）は，戦後日本を代表するコンサルタントである楠田氏の証言をもとに，日本企業に職能資格制度と職能給が普及する過程を明らかにしている。さらに，梅崎・南雲・八代（2008），および梅崎（2008b）は，政策研究大学院大学C.O.Eオーラル・政策研究プロジェクトと楠田・石田の研究成果を踏まえて，これまでの人事・賃金制度の改革を総合的に把握しようとしている。また，梅崎・南雲・八代は高度経済成長期の賃金管理の特質をとらえるために大企業の人事担当者，中小企業を対象にした人事コンサルタント，経営者団体の幹部の3名への聞き取り調査を，梅崎は1970年以降の賃金制度改革を探るために賃金コンサルタント2名と自社の人事制度改革を担当した人事担当者2名の計4名への聞き取り調査を，それぞれ行っている。

　総じてオーラル・ヒストリーによる研究成果は，文書史料として残すの

が困難な制度改定に関わった当事者，あるいは関係者の意見や考えなどを明らかにしている。しかし，当事者の賃金制度に関わった時期が限定されるため，それ以外の時期の状況を明らかにすることができない，特定個人の発言がどの程度事実を表しているかについて問題がある等の限界がある。以上のことから，本書のねらいとする，終戦直後から現在までを通した賃金制度の変遷を体系的に明らかにするまでには至っていないという課題が残る。

第3節　戦後の賃金制度の変遷に関わる先行研究の検討

本書がよって立つべき理論的なフレームワークと歴史研究の分析理論等については以上のとおりであるが，本節では，賃金制度の変遷に関わる代表的な既存研究を賃金体系論の分析方法ごとに検討する。

1．マクロ分析を用いた研究成果

マクロ分析による代表的な研究成果に，小野（1969），木元（1996），楠田（2001），幸田（2002，2003a，2003b，2004）があり，以下ではこれらを検討していく。

1.1　小野恒雄の研究

小野（1969）は，終戦直後から1960年代までの賃金制度の変遷を経済的，社会的条件の観点から8つの時期にわけて分析している。第1期（終戦〜1947年上期）は，急激なインフレのなかで労働運動の昂揚に連動して電産

型賃金が登場した電産型賃金登場期である。つづく第2期（1947年下期〜50年上期）は，経済復興が進むなか電産型賃金が一般化したものの，それに平行して諸手当が相次いで創設されたため，賃金体系が複雑化した賃金体系の複雑化期である。第3期（1950年下期〜52年上期）は，インフレが終息するなか賃金の合理化が進められ，賃金体系が簡素化された賃金の合理化期である。第4期（1952年下期〜54年下期）は景気が後退しつつあるなか，大企業を中心に職能給や職務給等の導入が進められた職務給・職能給の普及期である。第5期（1955年上期〜58年下期）は，景気が回復するなか賃金に占める基本給比率が高まった基本給比率拡大期である。第6期（1959年上期〜62年下期）は，高度経済成長期における技術革新の進展に適応するために年功賃金を見直し，賃金の職務給化が志向された賃金の職務給化期である。第7期（1963年上期〜66年下期）は労働力不足が進展し，従業員構成が多様化するなか，賃金体系のいっそうの合理化・簡素化が進められた賃金体系の合理化期である。最後の第8期（1967年以降）は，高度経済成長期の後半に入り賃金体系問題が人事管理全体のなかで位置づけられ，大企業で進められてきた賃金の「職務給化」が「職能給化」の方向で再検討された賃金の職能給化期である。

　総じて，小野は1960年代までの賃金制度の変遷を年功賃金から職務給，さらには職能給への変化ととらえている。とくに職務給は，アメリカ型の職務給ではなく，日本的修正（つまり年功的運用）が加味された職務給であるとしている。そして，職能給は1950年代に職務給と平行して普及しつつあった職能給（「旧職能給」と呼ぶことにする）とは異なっているとしている。つまり，旧職能給は年功賃金からアメリカ型の職務給に一挙に移行することが難しかったため，それに向けた「過渡的な形態」として導入されたのに対して，1960年代から普及しはじめた職能給は職務給の運用を是正し，年功賃金を再評価した上で年功的要素を加味した基本賃金の「中

核を担う賃金要素」として普及していったのである。この背景には，1960年代の合理化に伴い人員の再配置や機動的な組織運営が進められたこと，評価に勤続年数を加味してもらいたいという従業員側の強い意識があったこと，そして，従業員の定着問題から職務給の厳密な運用に限界があったことがある。

1.2　木元進一郎の研究

　木元（1996）は，終戦直後から1980年代までの賃金制度の歴史的変化を概観するとともに，化学メーカーA社が1970年に導入した職能給の運用実態を検討することを通して，年功的処遇の是正問題を検証している。木元は戦後の賃金制度の変遷を次の4つの時期にわけている。第1期は電産型賃金の誕生と変容期（1947～54年）で，経営側の恣意的な戦前型の年功賃金が勤続中心の年功賃金に再編成された時期である。第2期は職務給の導入期（1955～64年）で，アメリカ型職務給の導入とその年功的修正が図られた時期である。第3期は職能給・職能制度の導入期（1965～70年）で，職務給へ移行するための過渡的形態として位置づけられてきた職能給・職能制度が人事・賃金制度の中心に転換した時期である。そして最後は職能給・職能資格制度の新展開期（1970年代末以降）で，職能資格を軸とした能力主義的個別管理の強化が図られた時期である。

　木元は，こうした賃金制度の変遷を次のように考察している。年齢を中心とする戦後型の年功賃金は，戦後の経済復興とともに経営秩序が回復するなかで勤続中心の年功賃金に変容していった。高度経済成長期に入ると，技術革新の進展と賃金上昇に伴う人件費の増大などによって年功賃金の維持が難しくなり，職務給の導入が大企業を中心に進められた。しかし，職務を基準とした処遇に対する労働者の意識や外部労働市場等の条件が整っていなかったため，職務給には年功的修正が加えられた。高度経済成長期

から安定成長期に転換すると，それまで重視されていなかった職能給を賃金制度の中軸に位置づける動きがはじまった。この賃金の職能給化は低成長の下で高齢化が進むなかでさらに強化されたが，職務遂行能力の内容が明確にされなかったため，職能給は年功的な運用になってしまい，その結果，年功的処遇問題は依然として是正されないままにある，いうことに木元は言及している。

1.3　楠田丘の研究

　楠田（2001）は，戦後日本の賃金問題を振り返り，労使それぞれが賃金問題に果たした役割を明らかにした上で，戦後日本の賃金制度の歴史的意義を総括している。楠田は賃金制度の変遷を終戦直後から1960年代までの「模索期」，1970年代から80年代までの「導入・成熟期」，そして1990年代以降の「修正・後退期」の３つの時代に区分している。

　第１期の模索期は，明治後期の近代化・工業化のなかで熟練労働力の定着化を図るために採り入れられた年功賃金が，戦後復興のなかで生活の安定を目指した労働運動によって，生活給ベースの賃金に再編され完成された時期である。労働組合の主張に基づいたこの生活給思想は，その後の日本の賃金体系に影響を与えた。

　つづく第２期の導入・成熟期では，1970年代に起きた二度のオイルショックによって日本経済は深刻な不況に陥り，労使は雇用（終身雇用の維持）か賃金（年功賃金体系の維持）かの選択を迫られた。労使間の激しい論争の結果，雇用が選択され，年功賃金の能力主義賃金への転換が進められ職能給が導入された。なお，年功賃金の行き詰まりのなかで導入された職務給は，一部の企業が採用するにとどまった。その原因としては，職務昇進がない限り昇給がないこと，現場の職能序列意識との間に乖離がみられ現場や労働組合から同意が得られなかったことがあげられる。ただし，

多くの企業では，職能給導入の際に職務調査・職務分析，仕事が必要とする能力の洗い出し等が，部分的ではあるが行われている。

第3期の修正・後退期は，企業活動のグローバル化，低成長化，少子高齢化，労働力のホワイトカラー化など，企業を取り巻く経営環境が変化するなかで，右肩上がりの成長を前提としていた能力主義賃金が機能不全を起こし，職務・成果主義賃金の導入が進められた時期である。

こうした日本の賃金制度の変遷の歴史的意義として，楠田は次の2つの点に言及している。第1は，生活年功主義が1970年代に崩壊したこと，つまり雇用を維持するために労使が賃金体系の修正を選択したことである。高度経済成長から安定成長に転換した1970年代には，技術革新の進展に伴い勤続による熟練形成が希薄化し，年齢間の生計費格差と熟練格差が乖離したことがその背景にあった。この処遇の不公平性を是正するために，年功賃金の能力主義賃金への転換が行われたのである。第2は，1990年代半ば以降，日本モデルと欧米モデルの調和がはじまったことである。つまり，高齢化が進むなかで，人材育成に重点を置く人間基準型能力主義人事の日本モデルが新しい時代に適応できなくなり，人材活用に重点を置く職務・成果主義賃金の欧米モデルとの調和を目指さざるを得なくなったのである（楠田 2001：10-11）。

1.4　幸田浩文の研究

幸田（2002, 2003a, 2003b, 2004）は，戦後の変遷を通じて賃金体系の合理化過程を分析し，今後の方向を検討している。

幸田は終戦直後から1980年代前半までの賃金体系の変遷を5つの時期に区分している。第1期（1948～53年）は生活給から能率給への制度整備期，第2期（1954～59年）は定期昇給制度の確立期，第3期（1960～64年）は職務給・職能給導入の模索期，第4期（1965～73年）は賃金体系の混乱期，

第5期（1974～82年）は仕事給体系への収斂期である。

このような賃金体系合理化の展開の背景要因を，幸田は日本経営者団体連盟（現・日本経済団体連合会）の賃金に対する見解から考察している（幸田 2004）。戦後の賃金体系の変遷の主役は職務給と職能給であった。職務給は，経営側が労働組合主導の賃金体系である電産型賃金に対抗するために導入を目指したものの，対立的な労使関係等により年功給と妥協しながら導入された。職能給は年功給と職務給の妥協の産物として，さらには職務給の補完的・過渡的形態として導入されたが，その後の経営環境の変化のなかで賃金体系合理化の主要な賃金要素として位置づけられるようになった。

二度のオイルショックを経て安定成長期に転換した1970年代後半以降になると，低成長下における新しい賃金制度が模索され，属人給と仕事給からなる仕事給体系が定着していった。この時期の企業は潜在的な過剰労働力を企業内に抱えていた上に，従業員の高齢化，高学歴化による人件費の増大が経営課題の1つになっていたにもかかわらず，労働組合と同様に終身雇用の維持を強く支持していた。そのため，バブル経済崩壊以降に過剰労働力が顕在化し，企業は，人員削減を行うとともに賃金体系をそれまでの潜在能力を含む能力主義から顕在能力のみを評価対象とする成果・業績主義へと転換しつつあるが，その展望を見出せずにいると幸田は指摘している（幸田 2004：46-48）。

1.5　先行研究の成果と限界

総じて，これら先行研究は経営環境との関連で戦後の賃金制度の変遷を検証し，その総括を行っている。すなわち，終戦直後の経済復興期には，生活の安定を目指した労働運動によって電産型賃金を代表とする年功賃金が普及していった。日本経済が高度経済成長期に入ると，技術革新の

進展と賃金上昇に伴う人件費の増大等によって年功賃金の維持が難しくなり，賃金の職務給化が大企業を中心に進められた。しかし，この動きは職務昇進がない限り昇給が行われないアメリカ型の職務給では，従業員のモチベーションが低下してしまうことを懸念した労働組合の同意を得ることができず，年功的に運用される結果になった。

1970年代に起きたオイルショックを経て日本経済が高度経済成長期から安定成長期に転換すると，賃金の職能給化が図られた。職能給は，低成長の下で組織運営の柔軟性を高める企業の施策に親和的であったこととともに職務給への過渡的な形態として再評価されたことから，基本賃金の中核を担う賃金要素として普及していった。

そして，1990年代以降は，成果主義賃金の導入が進められた。これまでの賃金制度は市場の不確実性が低く，右肩上がりの成長を前提に設計されていた。しかし，市場のボーダレス化等の経営環境の変化のなかで市場の不確実性が高まり，成果主義賃金がそれに適合的な賃金制度として登場したのである。

以上が，この分野の先行研究が明らかにした主要な点であるが，いずれの研究においても厳密に，そして実証的に検証されていない点に課題が残る。

2．個別企業の事例分析による研究成果

個別企業の事例分析による研究成果には，経営合理化の視点から検証された研究と労使関係の視点から検証された研究がある。前者では金子・孫田らの一連の研究（昭和同人会（1960），孫田（1970）），加藤（1967：pp.117-231），石田（1992a，1992b），国際産業・労働研究センター（1999）が，後者では山本（1978）と橋元（1984，1985，1992，2003）が代表的な

研究であり，以下ではこれらを検討していく。

2.1 経営合理化の視点からの分析
2.1.1 金子美雄，孫田良平らの研究

まず，金子・孫田ら（昭和同人会（1960），孫田（1970））の一連の研究成果について検討する。わが国で戦後の賃金制度の変遷が本格的に議論されはじめたのは1950年代後半になってからである。金子美雄を委員長に，孫田良平らによって組織された昭和同人会（1960）の研究は，当時議論されていた賃金問題について，未開拓の分野であった歴史的視点から接近した研究であり，賃金制度，賃金構造の形成過程を，銀行，国家公務員（官吏），製鉄メーカー，重工業メーカーの事例研究をもとに明らかにしている[6]。

さらに，孫田（1970）は昭和同人会の研究成果を踏襲しつつ，丁寧な分析ができなかった戦後の賃金体系の変遷を議論している[7]。終戦直後から1960年代前半までの賃金体系の変化は大きく2つの時代に区分され，第1期は経済復興期から1950年代前半までであり，労働力過剰の労働市場の下で電産型賃金に代表される年功序列型賃金が確立された時期である。第2期は，高度経済成長に入った1950年代後半から1960年代前半までで，それまでの労働力過剰が一転して労働力不足に変わり労働力移動が激しくなり，しかも技術革新の進展や貿易自由化による国際競争の激化に対処するため，企業は職務給や職能給を導入し，賃金体系の合理化を進めた時期である。また，孫田は，こうした賃金体系の合理化によって職能的賃金の要素が強まるにしたがい，合理化が賃金にとどまらず，採用，配置，昇進まで波及せざるを得なくなったことに言及している（孫田 1970：176）。

総じて，金子・孫田らの成果は，戦後の電産型賃金に代表される年功賃金が高度経済成長の下で職務給や職能給に変容した賃金体系の合理化が，

人事管理全体の合理化に波及していったことを明らかにした点である。

2.1.2 加藤尚文の研究

加藤（1967）は，電力産業，銀行業，公務員を対象に，終戦直後から1950年代までの戦後復興期に進められた基本給合理化の意義を検証している。電力産業はブルーカラーにおける電産型賃金の典型業種であることから，銀行業はホワイトカラーにおける電産型賃金の典型業種であることから，政府は多くの労働者を公務員として雇用し，日本の賃金決定に大きな影響を及ぼしていたことからそれぞれ取り上げられている。

まず，電力産業の基本給合理化の中心は，「電力職務給」と呼ばれる職務給の導入である。1954年の中部電力を皮切りに，1955年には東京電力等で導入され，1956年までにはすべての電力会社で導入された。職務給導入のねらいは，戦後の労働運動によって崩壊した経営秩序の回復と人件費の抑制を図ることである。さらに，導入された職務給はアメリカ型の職務給ではなく，能力とその発揮度合いに応じて賃金を決める能力給であり，そのことから加藤は，電力産業の賃金合理化は「能力給の変容と拡大」としている（加藤 1967：145）。

次に，銀行業の電産型賃金は1949〜50年に確立された。しかし，1950年代後半に入ると，1959年に北海道拓殖銀行で職階給（仕事内容と責任の程度に応じて従業員を格付けする職階制に基づいて決める賃金）が導入されたのを皮切りに，各行で賃金体系の見直しが行われ，職階給，あるいは能力に応じて賃金を決める職能給が導入された。加藤は，戦後混乱期に急激なインフレ対策として実施された場当たり的な賃金改定が賃金体系を複雑化させ，労使双方とも賃金体系の簡素化の必要性を認識していたことが，この一連の取り組みの背景にあったことを指摘している（加藤 1967：153）。

さらに、公務員では、明治維新以来、賃金の基本原則としていた学歴別身分制が1946年7月の改定によって年齢別生活給に転換された（加藤 1967：181）。この改定にあたって政府は、複雑化した賃金体系を簡素化すること、学歴別身分制によって拡大していた賃金格差を是正することを目的にアメリカ型の職階制の導入を考えていたが、その準備が整っていなかったため、経過措置として年齢別生活給を導入したのである。その後、政府は職階制に応じた職階給の導入に向けて職務分析、職務評価を行い、1948年に職階給を導入した。この基本給合理化は複雑化した賃金体系の簡素化を進めるとともに、前述の改定によって縮小された格差の拡大を目指したものであったと加藤は主張している（加藤 1967：209）。

総じて、加藤は基本給合理化が複雑化した賃金体系の簡素化を進めるとともに、終戦直後の労働運動によって失われた経営秩序の回復を目的として行われたことを明らかにしている。

2.1.3 石田光男の研究

石田（1992a、1992b）は十條製紙を事例に取り上げ、終戦直後から1980年代までの間を対象に、経営合理化の視点で職務給から職能給への移行プロセスを検証している。十條製紙の賃金体系の変遷を、終戦直後から1948年7月までの「生活給と身分制の撤廃」、1948年〜52年までの「職階給と従業員秩序の模索」、1952年〜71年までの「職務給と年功秩序の軋轢」、1971年〜86年までの「職能的管理の登場とその展開」の4つの時代に区分して分析している[8]。

この変遷のなかで注目されることは、生活給から職能を基準に従業員を格付けする職階制度に基づく職階給を経て、職務給が1952年に導入されたが、運用において「頭打ち問題」が顕在化したことである。これには賃金における生活保障面の問題（つまり昇給の問題）とポスト不足による昇進

の問題の2つの側面があり（石田 1992b：60），前者は加給の設置で対応されたが，後者の昇進の問題は，経営側の職務中心主義の人事管理の基本方針が維持されたために解決されなかった。そのため，優秀な人材が処遇されないことによるモチベーションの低下を懸念した労働組合は，職務主義に限界を感じ職能主義の考え方に傾きはじめた（石田 1992b：61）。

一方，経営側も1960年代後半に入って職務中心主義の方針の見直しに着手した。その背景には，本格的な市場の自由化に対応するために打ち出された要員合理化を含む長期経営計画の策定があった。それに加えて，技術革新が進展するなかで少人化された要員で職場管理を行うニーズが高まったため，人と仕事のつながりを弾力化する必要があった。その結果，職務中心主義の考え方は職能主義のそれに転換され，これに連動して賃金制度は能力要素（能力伸長）が加味された職能的賃金（職能給）へと見直されたのである（石田 1992b：70-74）。

総じて，石田は，技術革新の進展による人と仕事のつながりの弾力化への要請に対応できなくなった職務中心主義に基づいた職場管理を，職能主義に基づいたそれへと再編する動きに連動して行われた賃金の改革が，賃金の職能給化であると指摘している。

2.1.4 国際産業・労働研究センターの研究

国際産業・労働研究センター（1999）は，日本鋼管の事例を取り上げ，賃金制度の変遷過程をブルーカラーとホワイトカラーにわけて考察している。

まず，ブルーカラーについては終戦直後から1960年代までの賃金体系の変遷を概観した上で，1963年に導入された職務に基づく業務給と，1973年に導入された職務と能力に基づく職能給の導入過程を分析している。同社の戦後の賃金体系は終戦直後の手当中心の生活給体系にはじまり，戦後復

興期の本給と能率給を中心とする年功給的な体系を経て，高度経済成長期の本給，業務給，能率給の三本柱からなる体系へと変化してきた。

業務給の導入は，技術革新の進展に伴って熟練が解体され，新たな技能序列に応じた処遇を整備する必要性に迫られたことがその背景にあった。経営側は業務給の基礎となる職務評価制度を能率給に組み入れたり，団体交渉を通じて導入の必要性を伝えたりするなどの準備に時間をかけて慎重に進めた後に業務給の正式提案を行った。これに対して労働組合側は鉄鋼労連の方針を受けて反対を表明したものの，最終的には是正を求める対応をとった。この理由には，業務給導入が日本鋼管を含む鉄鋼大手5社で一斉に提案されたこと，鉄鋼労連が企業別労働組合の連合体であることから，労働組合が歩調を合わせて反対行動を行うことが難しかったことがある，と同センターは指摘している（国際産業・労働研究センター 1999：130-132）。

職能給の導入過程については，設備の近代化，合理化によって大量の従業員を事業所間配置転換させることが必要となり，職務に応じて賃金を決める業務給では公平な処遇を維持することが難しくなったことが，その背景にあった。労働組合はこの提案に反対しなかった。その理由として，同センターは以下の点をあげている。第1は，高度経済成長のなかで自動車，電機，造船を中心とした諸産業の賃金水準が上昇し，鉄鋼産業の優位性が失われつつあったことである。第2は，1970年代に入り鉄鋼業界の競争の形態が生産規模の拡大から生産性の向上に転換し，組合員の労働条件を守るためには労働生産性を高めなければならないこと等を労働組合も認識していたことである（国際産業・労働研究センター 1999：155-157）。

次に，ホワイトカラーの賃金制度の変遷については，管理職と一般者にわけて分析している。一般者の賃金制度は次のような変化を遂げてきた。戦後復興期は年功給と能率給の2本立てであったが，高度経済成長期

に入ると能力に基づいて賃金を決める職能給が加わった。オイルショックを契機に日本経済が安定成長期へと転換し経営環境が一変するなかで，能率給の縮小と職能給の拡大が行われた。1990年代以降は市場の急激なボーダレス化のなかで，成果に基づいて賃金を決める業績給が導入された。これに対し，管理職の賃金制度は戦後復興期までは主に年功賃金であったが，1960年代以降は能力と業績に基づいて決める賃金へと再編された。

このように，一般者に比べ管理職において大胆な改革が行われた背景には，一般者の賃金制度の改定が労働組合の規制を受けるのに対し，管理職は労働組合の規制がかからないこと，企業の中核を担う社員層であることがあると同研究は指摘している。

2.2　労使関係の視点からの分析
2.2.1　山本潔の研究

山本（1978）は大手自動車メーカーにおける終戦直後から1970年代までのブルーカラーの賃金制度の変遷を，基準内賃金に占める比率の高い「特別手当」に注目して検証している。基準内賃金に占める特別手当の比率は，1953年の1.3％から1978年の72.9％へと拡大している。この背景には，第1に，基本賃金の主要な項目である基本給と生産奨励金が団体交渉事項であるのに対して，特別手当は交渉対象外であるため労働組合に介入されず経営側の裁量で決められること，第2に，戦後復興期の対立的な労使関係のなかで，経営側は賃金決定への制約を強めようとする労働組合への対策として，賃金規則に決め方が明示されていない，交渉対象外の特別手当を重視する方策に転換したことがある。また，労働組合が特別手当に積極的に関与しようとしなかったことも，経営側の対応を加速させた。

こうした特別手当は経営側が恣意的に運営することも考えられるが，数万の従業員を管理する上で一定の合理性をもっていた。すなわち，終戦直

後は従業員の税金支払を負担する機能をもっていたが，高度経済成長期に入ると従業員間の賃金水準のアンバランスを調整する機能へと変容した。しかも，そのねらいも初任給引き上げに伴う在籍者の賃金水準の是正にはじまり，従業員の生活水準を維持するための物価上昇に対する是正，そして職能段階と呼ばれる社内の格付けランク内の賃金水準の是正へと変容していった。

こうした調整機能の変容には，同社の従業員構成の特質が影響していた。経営側は企業規模の拡大のなかで中途採用者を積極的に採用したため，中途採用者比率の高い従業員構成となり，直入者と中途採用者の賃金に対する要望の違いが鮮明になった。中途採用者は年齢別賃金を求めていたのに対し，直入者，とくに係長，組長の現場監督者層は職能に応じた賃金を求めていたのである。経営側は両者の異なる要望を調整するために特別手当を利用していたことが指摘されている（山本 1978：201-205）。

2.2.2　橋元秀一の研究

橋元（1984, 1985, 1992, 2003）は，過度経済力集中排除法によって3分割され1950年に発足した大手造船重機械メーカーと，その後に同社と合併した総合重機械メーカーの事例を取り上げ，1950年代から1980年代にかけて進められたブルーカラーの賃金制度改定の過程を分析した上で，年功賃金の形成と能力主義に基づく賃金の職能給化の意義を検証している。

労働組合は，1950年代の戦後復興期には労使交渉を通じて経営側の主導する賃金管理に対する制約を強め，年功賃金の形成を進めたが（橋元 1985：22），高度経済成長期に入ると，技術革新の進展と生産方式の近代化のなかで「職務と能力」に基づいた職能等級制度の整備と賃金の職能給化を目指した。

その結果，1969年の改定で職務能力（職務に必要な能力）の向上を処遇

に反映する仕組みが確立されたが,運用を担う管理職の能力主義化が先送りにされたため,この賃金の職能給化は一般者を対象とするにとどまったことを橋元は指摘している(橋元 2003:104-106)。

2.3　先行研究の成果と限界

戦後の日本経済を牽引してきた大手製造企業等を対象にした,これら先行研究の成果を整理すると,以下のとおりである。

経営合理化の視点から分析した先行研究によると,まず,終戦直後は,高まる労働運動のなかで電産型賃金に代表される年功賃金が,普及するとともに,戦後混乱期の急激なインフレ対策として実施された場当たり的な賃金改定によって複雑化した賃金体系の合理化が進められた。この動きは,労働運動によって失われた経営秩序の回復を図る動きでもあった。高度経済成長期に入ると,新技術の導入,設備の近代化,合理化等に伴って熟練の解体が進み,新たな技能に基づいた処遇秩序の構築が求められた。賃金の職務給化はこうしたなかで行われた賃金改革であった。オイルショックを契機に日本経済が安定成長期に転換すると,経営活動の基本戦略はそれまでの経営規模の拡大から生産性の向上に転換し,企業はそれに対応するために人と仕事のつながりを弾力化する必要に迫られた。職務に基づいた処遇では,こうした要請に対応できなくなり,賃金の職能給化が進められた。

以上のことから確認された主要な点は,次の2つの点である。第1に,終戦直後の賃金改革は賃金体系を簡素化する方向で合理化するだけではなく,労働運動によって失われた経営秩序の回復を目的としていたこと,第2に,高度成長期以降の賃金改革は,人事管理全体の改革と連動して行われるようになったことである。こうした変化の背景には,経営環境の変化や経営活動の基本戦略の転換による処遇秩序の再構築の必要性に迫られた

ことがある。

　次に，労使関係の視点から分析した先行研究では，賃金制度のあり方に対する労使の方針の変容が確認された。戦後復興期では，労働組合は賃金決定に対する経営側の裁量を弱め，賃金格差を縮小する方針をとっていた。労働組合は，経営側が行う賃金決定が公平に行われていないことに強い不満を持っていたことがその背景にある。一方，経営側は生産の拡大を図るために，海外からの賃金制度の導入等による賃金制度の合理化・近代化を目指していた。このように異なる方針をとる労使は，論争を繰り返した。しかしながら，高度経済成長期に入ると，対立的な労使関係を継続することによる競争力低下を危惧した労使は労使関係のあり方を見直し，協議・交渉を通して賃金制度の整備を進める方向に転換した。

3．既存研究の論点整理　—成果と限界

　これまで検討してきた既存研究の成果を，あらためて「賃金制度は経営環境に規定される」という原則に立って整理すると，次の3点になる。

　第1に，経営環境，経営状況との関連で戦後の賃金制度の変遷の大枠は既存研究でかなりの程度提示されているが，それらは定性的かつ概括的に戦後の変遷をとらえているにとどまり，経営指標との関連で検証する等，詳細な実証的，定量的な分析がなされていない。

　第2に，個別企業の事例分析による研究では，戦後の日本経済を牽引してきた大手製造企業等を事例に取り上げ戦後の変遷を検証しているものの，それらは特定の転換期における特定の賃金制度改革を検証するにとどまり，終戦直後から現在までを通した賃金制度の変遷を体系的に明らかにするまでには至っていない。

　第3に，一部の研究では，賃金制度の長期的な変遷を取り上げているも

のの，特定の賃金要素，あるいは特定の従業員層を個別に取り上げているため，賃金制度設計の重要な点の1つである，基本賃金を構成する賃金要素の組み合わせの変遷についての検証が行われていない。そのため，明らかにされたことが賃金制度の全体構造をどの程度変える動きであるのか，さらに，全体構造をどこに向けて変えようとする動きであるのかという戦後の変遷を総括することができていない。

第4節　本書の課題と研究方法

1．本書の課題と研究対象

1．1　分析枠組みと課題

「賃金制度は経営環境に規定される」という原則に立った本書は，図表序-1に示した分析枠組みに基づいている。市場と技術からなる経営環境の下，経営目標を実現するための経営戦略が立てられ，それを受けて生産戦略が展開される。これらの戦略に沿って賃金制度は設計される。しかし，賃金制度はこうした企業側の視点だけで決まることはなく，従業員側の視点を代表する労働組合との労使関係を経て形成される。この分析枠組みを構成する各要素を取り上げて分析する必要があるが，本書ではそのなかの主な構成要素である，経営環境に沿って展開される経営戦略と生産戦略の基本的な方向（以下では，両者を合わせて「経営戦略」と呼ぶことにする）を取り上げ，これらと賃金制度の関係を分析する[9]。なお，以下では，経営戦略の特徴を主に従業員数と生産量，それらを合わせた労働生産性の

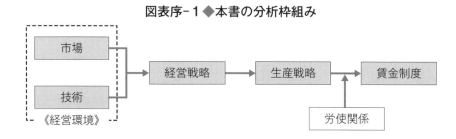

図表序-1 ◆本書の分析枠組み

面からみている。

そのもとで本書が取り上げる課題は，本章第1節で述べた問題意識と，本章第3節で明らかにした先行研究の成果を踏まえた以下の2点である。

第1に，個別企業の事例分析を通じて戦後の賃金制度の変遷の特質と，「賃金制度は経営環境に規定される」という原則に立って，変遷がなぜ起きたかを明らかにする。

第2に，その検証作業を踏まえて，1990年代以降の賃金制度再編の動きが賃金制度の構造そのものをどの程度変える動きであるのか，構造そのものを変えるとすれば，どこに向かおうとする動きであるのかを考察する。

1.2 研究対象

上記の課題に取り組むには，企業を対象とした事例研究が必要になる。しかも本書では戦後の賃金制度の変遷を分析するため，研究対象となる企業は，第1に戦前，すなわち第二次世界大戦前に設立された企業であること，第2に日本を代表する企業であることの2つの要件を満たしていることが必要となる。本書では，これらに該当する企業として，日本の主要産業である鉄鋼産業と電機産業の代表的企業である新日鐵と東芝を選択し，事例研究の対象企業とした。

さらに，賃金制度の対象は，本章第2節「2．賃金と賃金管理と賃金制度―賃金制度の理論的フレームワーク」で述べたように，一般者（労働組

合員)の基本賃金とし,家族手当,住宅手当,特殊勤務手当,役付手当,および時間外勤務手当等の諸手当を除いている。また,賃金制度の基盤である人事制度[10]の変遷も関連する範囲で取り上げる。

2．研究方法

　上記の課題を明らかにするため,本書では次の2つの方法をとった。第1は,新日鐵と東芝における戦後の賃金制度の変遷を明らかにするための文献研究である。戦後の変遷を詳細に分析するために用いた文書史料は会社社史,労働組合資料等の一次文書史料であるが,それを補う範囲で公表されている文献等の二次文書史料も用いた。第2は,インタビュー調査である。本書では歴史研究の研究手法である文書史料をもとにした分析を行うが,それを補完するために,当時の労使交渉に参加した関係者等を対象としたインタビュー調査を行った[11]。

第5節　本書の構成

　以上の課題と方法に基づいて,本書は以下の3部10章から構成されている。

　序章では研究の背景と問題意識,分析フレームワークを提示した上で,先行研究の成果を整理し,それを踏まえて,本書の課題,研究の対象および方法を論じている。つづく第1章以降の構成は次のとおりである。

　第Ⅰ部と第Ⅱ部(第1章から第7章)は実証研究であり,本書の中心部分である。まず第Ⅰ部(第1章〜第4章)では新日鐵を,第Ⅱ部(第5章

～第7章）では東芝を事例として取り上げ，両社の戦後の賃金制度の変遷を分析する。その際には，経営と賃金制度の変遷をみるための時代区分を設定した上で，この時代区分に沿って賃金制度がどのような経営環境の下で，どのような変容を遂げてきたのかを分析する。

第8章と終章からなる第Ⅲ部では，第Ⅰ部と第Ⅱ部の分析結果をもとに，賃金制度の長期的な変遷の特質を検証する。その際には，まず賃金制度の特質を分析する枠組みを提示した上で，各時代の賃金制度の特質がどのような経営環境の下で，どのように形成されてきたのかを明らかにする。

そして最後の終章では，本書で明らかにしたことを整理した上で，現在起こっている賃金制度の再編の動きについて検討する。最後に，残された課題を明らかにすることによって，今後の研究の方向性を提示する。

❖注

1　2012年10月1日に住友金属工業株式会社と合併し，「新日鐵住金株式会社」が誕生したが，本書は合併前の新日本製鐵株式會社までを取り上げる。
2　1990年代以降から急速な広がりを見せ，21世紀に入ると多くの企業で導入されている年俸制は，その代表的な取り組みであろう。1990年代に取り組まれた賃金制度改革の実態に関する代表的な研究については，日本労働研究機構（1997）および富士総合研究所（1998）を参照のこと。
3　石田（1990：64）も同様の論点に言及している。
4　たとえば，高橋（1967：96），佐護（1981：98-183），川野（1990：124-138）。
5　オーラル・ヒストリー（oral history）は「口述記録」「口述歴史」「口述史」と訳されているが，いずれも日本語として定まっておらず，原語のまま「オーラル・ヒストリー」を用いられるケースが多い。伊藤（2007：3）によれば，その定義を「公人の，専門家による，万人のための口述記録」としている。インタビューの対象となる公人とは「公的な立場の人物」であり，その人物に対して，オーラル・ヒストリーの「専門家」が積極的な働きかけをして，「万人のための口述記録」を作成する方法である。オーラル・ヒストリーによってまとめられた口述記録はあくまでも情報公開を前提としているため，定義では最後の点が重要視されている。オーラル・ヒストリーの歴史に関し

ては，Thompson（2000, 2003），伊藤（2007）を参照のこと。
6　同研究では明治から第二次世界大戦前までの賃金体系の変遷を，明治前期，明治後期，大正期，昭和期（戦前）の４つの時代に区分して分析している。明治前期は富国強兵・殖産興業を進め工業化を図るため，徳川時代の封建体制の身分差（旧武士と庶民）を前提とした「技倆刺戟的（ぎりょうしげきてき）等級別能力給」と呼ばれる能力給が採用されていた。その後，資本主義的工場生産とそれに伴う職工の流動的労働市場が拡大した明治後期には，熟練工不足に対処するため賃業給と呼ばれる出来高給が普及した。大正期は第一次世界大戦によってインフレが進展すると，賃金問題は社会問題に発展した。こうした大企業を中心に生活給の配慮をとる労務管理施策がとられ，さらに企業内で養成した工員（基幹工）を定着させるために勤続給を導入する動きがみられた。昭和期に入ると第一次世界大戦後の反動不況を契機とした世界的大恐慌により労務費削減，賃金体系の合理化が進められ，第二次世界大戦に入るとインフレが激しくなるなかで皇国勤労観の啓蒙をはじめとして賃金統制令，労務徴用令，重要事務所雇用管理令など政府の国家権力による相次ぐ統制により年齢給が形成された。
7　孫田良平（1972）「賃金体系の変動」金子美雄編著（1972）『賃金　その過去・現在・未来』にも，その概要を紹介している。
8　さらに同論文では，戦後の賃金体系の変遷の前史として戦前から戦時までの「身分制的賃金」を考察している。
9　なお，労使関係に関する分析は別稿で行っている（田口〔2007a, 2007b, 2008a, 2008b, 2008c〕）。
10　本書で取り上げる人事制度は，社員をいくつかのグループに分ける「社員区分制度」と社員序列を決める「社員格付け制度」で，これらは賃金制度をはじめとして人事管理全体の基盤を形成する仕組みである（今野・中央職業能力開発協会，2007：35-36）。
11　インタビュー調査の実施概要（実施時期，対象者，インタビュー内容等）については，巻末の「資料」を参照のこと。

第Ⅰ部
新日本製鐵株式會社における賃金制度の変遷

ially
第1章
年功賃金完成期
（高度成長前夜期）

第1節　はじめに　―経営戦略と時代区分

　第Ⅰ部は新日鐵における戦後の賃金制度の変遷を分析する[1]。日本のリーディングカンパニーの1つである新日鐵は，1901年に操業開始した官営八幡製鐵所を前身としている。以後，1934年の日本製鐵の発足，1950年の日本製鐵の分割に伴う八幡製鐵・富士製鐵の発足，1970年3月八幡製鐵・富士製鐵の合併による新日本製鐵の誕生を経て，今日に至っている[2]。

　戦後の賃金制度は，経営戦略の変化に沿っていくつかの段階を経て変化している。そこで，ここでは各段階の時代区分を経営戦略の特質を中心にした上で，賃金制度改訂の時期も考慮して設定することにする[3]。経営戦略の特質をみる指標として生産高（粗鋼生産量）と従業員数，そして両者を結合した「労働生産性」に着目し，その指標に「1人当たり粗鋼生産量」を用いる[4]。

　以上の観点から時代を区分した図表1-1をみると，戦後の賃金制度の変遷は次の4つの時期に分かれる。第1期は1940年代後半〜1950年代前半の「高度成長前夜期」である。戦後の不安定な経済情勢の下，日本経済の再建・復興に不可欠な鉄鋼を増産するため，既存設備に労働力を投入して生産量の拡大を図る戦略がとられた。その結果，図表が示すように，粗鋼生産量，従業員数，1人当たり粗鋼生産量のデータが揃う1950年から1955年の変化をみると，従業員数は1950年の55,629人から1955年の58,822人へと3,000人増加し，それに併せて粗鋼生産量も1950年の233万5千トンから1955年の424万7千トンへと2倍近く増大している。その結果，労働生産性の指標である1人当たり粗鋼生産量は同42トンから同72トンにとどまる。

　第2期は，1960年代から1970年代の「高度成長期」である。日本経済の

復興が進み高度成長期に入ると，大規模な設備投資と海外からの最新技術の導入による生産設備の合理化・近代化を通じた生産能力の強化・拡充を図る戦略がとられた。図表が示すように，粗鋼生産量は1956年の478万5千トンから1973年の4,098万9千トンへと大幅に増大した。それに対して従業員数は1956年の59,207人から1973年の80,400人へと増加しているものの，全体的には8万人前後を維持しつつ推移している。そのため，労働生産性は1956年の81トンから1973年の510トンへと急速に向上した。従業員数を維持しつつ，労働生産性の向上を通して生産量（経営規模）の拡大を図る，という経営戦略がとられていたのがこの期の特徴である。

　第3期は，1980年代の「安定成長期～バブル経済期」である。日本経済が高度成長の終焉を迎え安定成長期に移行すると，労働力構成の高齢化と定年延長に伴う人件費の増加，プラザ合意を契機とする急激な円高の進展と新興鉄鋼国の追い上げ等を背景に国際競争力が低下し，労働生産性を維持しつつ人員削減等のリストラによって生産能力を調整する戦略がとられた。図表をみると，1974年から1995年の20年間で粗鋼生産量は3,689万9千トンから2,617万3千トンへと低下しているが，それ以上にリストラによる従業員規模の縮小は著しく，その変化は1974年の80,085人から1995年の43,700人へと半数近くに減少している。その結果，1人当たり粗鋼生産量は同年の461トンから同年の599トンへと緩やかな増加傾向を示している。労働生産性を維持しつつ，従業員規模の縮小を図ることによって生産能力を調整する戦略がとられていたのがこの期の特徴である。

　最後の第4期は，「1990年代後半以降」である。第3期の調整期を経たバブル経済崩壊後の1990年代後半以降は，生産設備の合理化，人員削減などの経営改革によって，生産規模を維持しつつ労働生産性の急上昇を図る戦略がとられた。図表をみると，粗鋼生産量は1996年の2,570万6千トンから2011年の3,062万8千トンへと緩やかに増加している一方で，従業員

図表1-1◆経営戦略と時代区分

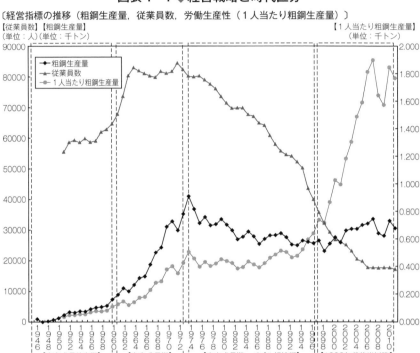

（注1）1人当たり粗鋼生産量は「粗鋼生産量／従業員数」で算出。なお，1945年〜1949年の値は，従業員数のデータが不備なため計算していない。

（注2）経営指標における図表の数値は，1945年〜1949年は日本製鐵の，1950年〜1969年は八幡製鐵と富士製鐵の，1970年以降は新日鐵の値。

（注3）粗鋼生産量の時系列は1945年から1949年が「暦年」，1950年以降は「年度」。

（注4）従業員数の時系列は，富士製鐵については1965年度までは4月末日現在の，1946年度〜1969年度は4月1日現在の，八幡製鐵および新日鐵は4月1日現在の，2004年度以降は3月31日現在の出向者を含めた在籍人員。なお，1984年度については不備があったので，有価証券報告書の値（1984年3月31日現在）。

（出典）八幡製鐵所所史編さん委員会編（1980d）『八幡製鐵所八十年史 資料編』新日本製鐵株式會社八幡製鐵所，新日本製鐵株式會社『新日鐵ガイド2003』『新日鐵ガイド2012』（http://www.nsc.co.jp/），社史編さん委員会（1981b）『炎とともに 富士製鐵株式會社史』新日本製鐵株式會社，社史編さん委員会（1981a）『炎とともに 八幡製鐵株式會社史』新日本製鐵株式會社，八幡製鐵所百年史編纂事務局編（2001）『世紀をこえて－八幡製鐵所の百年』新日本製鐵株式会社八幡製鐵所，新日本製鐵株式會社人事・労政部提供資料より作成。

規模は同じ時期に39,988人から17,326人へと半分以下に縮小している。その結果，労働生産性は643トンから1,768トンへと3倍近くに急拡大している。生産規模を維持しつつ，従業員規模の大幅な縮小を通して労働生産性のさらなる向上を図るという経営戦略がとられていたのがこの期の特徴である。

以上の時代区分により，第Ⅰ部では同社の戦後の変遷を分析していく。

第2節　企業経営を取り巻く環境と終戦直後の人事・賃金制度（1945年）

1．企業経営を取り巻く環境

戦後の日本経済は混乱と疲弊を極めていた。戦争により生産や輸送は麻痺状態となり，原燃料や基礎資材から消費材にいたる，あらゆる物資は欠乏し，物不足によるインフレと深刻な食糧難のなか，労働運動の激化などによって社会不安は高まっていた。

鉄鋼業においても，生産設備は戦争により壊滅的な被害を受け，終戦時に稼働していた高炉は全国で8基という状態であった[5]。しかも旧軍需工業に対する戦時補償の支払停止令，生産施設の賠償指定，財閥解体と集中排除，公職追放などのGHQ（連合国軍最高司令官総司令部）の対日占領政策，戦後再結成された労働組合の組合運動などによって鉄鋼業は混乱状態に陥っていた。こうした状況のなか1950年4月，GHQの集中排除政策によって日本製鐵は八幡製鐵と富士製鐵に分割された[6]。しかしながら，米ソの冷戦対立を背景にしたGHQの対日占領政策の方向転換，政府の再

建・復興に向けた様々な経済施策，朝鮮特需などによって，鉄鋼業は壊滅的状態から回復し，経済復興に大きな役割を果たすことができた[7]。

2．終戦直後の人事・賃金制度（1945年）

こうした企業経営を取り巻く環境の下，終戦直後の人事制度は戦前からの職分・身分制を踏襲し，従業員は「職員」「準職員」「工員」「傭員」の4身分から構成されている（図表1-2を参照）。

職員の身分はさらに「事務職」「技術職」「医務職」の3つに分かれ，事務職は「主事1級」から「書記」までの3身分，技術職は「技師1級」から「技手」までの3身分，医務職は「医師・歯科医師1級」から「医員・歯科医員」までの3身分からなる。さらに，それらの上に管理職層に対応する「理事」と「参事」の2身分が設定されている。準職員は事務職および技術職の「書記補」と「技手補」であり，職員の下に位置づけられている。生産関係の工員は「宿老」から「工員」までの6身分から構成されて

図表1-2◆職分・身分制の概要

【役職】			【職分・身分制】				
		部　長	理　事				
		課　長	参　事				
		掛　長	宿 老(注2)	主事1級	技師1級	医師・歯科医師1級	
			工 師(注2)	主事2級	技師2級	医師・歯科医師2級	
組長・伍長			工手1級	書記	技手	医員・歯科医員	1級雇
			工手2級	書記補(注1)	技手補(注1)		2級雇
			工手3級	事務職	技術職	医務職	給任
			工　員				
工員	職員		工　員		職　員		傭員

（注1）書記補，技手補は準職員。
（注2）宿老は技師1級，工師2級待遇。
（出典）八幡製鐵所所史編さん委員会編（1980d）『八幡製鐵所八十年史　資料編』新日本製鐵株式會社八幡製鐵所，p.152，富士製鐵株式會社室蘭製鐵所（1958）『室蘭製鐵所50年史』富士製鐵株式會社室蘭製鐵所，p.670，および八幡製鉄労働組合（1957）『八幡製鉄労働運動史　上巻』八幡製鉄労働組合，pp.299-300をもとに作成。

いる。工員が6身分に区分されたのは，戦時体制が進んだ1944年に入ってからであり，それまでは「宿老」と「工員」だけであった[8]。なお，傭員は「小使」「給仕」などの職種が対応し，「1級雇」から「給仕」までの3身分に分かれている。

　次に，役職についてみると，職員は「部長」から「掛長」までの3ランク，工員は「組長」と「伍長」の2ランクからなる。こうした役職と職分・身分との関係について職員を例にみると，部長には理事と参事が，課長には参事，主事1級そして技師1級が，掛長には主事2級と技師2級が対応している[9]。

　工員の基本賃金は「基本給」と「生産奨励金」の2つの賃金要素から構成されている[10]。基本給は年功要素の強い賃金で，初任基本給に成年・未成年別，身分別，性別，日給区分別の昇給額を積み重ねて決められている。生産奨励金は粗鋼等の生産実績に応じて決まる団体能率給である[11]。職員の基本賃金は基本給一本であり，工員と同様に初任基本給に昇給額を積み重ねる方式をとる年功要素の強い賃金であった[12]。こうした賃金制度はその後，相次ぐ物価高騰のなかで，臨時物価手当，臨時手当，突破賃金等の創設，家族手当の増額等が実施されたため複雑な体系となっていった[13]。

第3節　身分制の廃止と賃金体系の整理を目的とした人事・賃金制度改訂（1947年）

1．制度改訂の概要

　こうしたことを受けて，労働組合（日本製鐵労働組合連合会）は1947年1月の中央労務委員会において，「賃金体系の整備」と「身分制の廃止」を要求し，それを皮切りに賃金制度改訂への取り組みがはじめられた[14]。委員会で交渉の焦点になったのは「工員への月給制導入」である。経営側が工員の月給制導入に反対の姿勢を取り続けたため，同年1月27日から交渉の場は団体交渉に移された。しかし，団体交渉でも交渉は決裂し，労働組合は1月30日スト宣言を発した。ストライキは2月7日に予定されていたものの，全官労（全国官庁職員労働組合協議会）の「2・1ゼネスト」と重なったためにGHQからスト中止命令が通達され，ストライキは中止となった。その後も団体交渉は引き続き行われ，同年3月13日に賃金体系，身分制撤廃に関する協定が締結されたものの，工員の月給制導入は実現されなかった[15]。

2．人事・賃金制度の概要

　この1947年改訂では，社員の賃金制度は図表1-3に示すように「生活手当」と「業績手当」が新たに創設された。生活手当は終戦直後から臨時的に創設された生活関連手当を整理・統合した手当である。業績手当は戦時中に導入された生産報奨金等の業績関連手当を廃止する代わりに，復興

しつつある生産活動をさらに推進するために導入された「粗鋼ならびに鋼材の生産量」を財源指標とし，作業所別基準値により按分する総財源按分方式をとる賃金要素である[16]。

業績手当は普通業績手当と特別業績手当の2つから構成され，普通業績手当は基本給総額の10％を支給財源に，特別業績手当は生産増強，作業能率増進等に寄与した場合にその部門の従業員を対象に基本給総額の20％の範囲内の金額を支給財源に，それぞれ生産実績に応じて支給された手当である。個人には「基本給×成績点」によって支給された。ただし，事務員・技術員への業績手当の支給は「6月，9月，12月，3月」の四半期ごととした[17]。「業績手当」という名称の賃金要素が導入されたものの，その実態は生活給要素の強いものであった。依然として従業員の生活状況が不安定であり，また生産活動の操業度も低い状況が続いていたことがその背景にあった[18]。その後も業績手当の改訂が行われ[19]，能率給関連の手当が新たに創設された[20]。

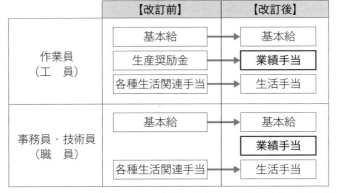

図表1-3◆賃金制度改訂の概要

（注）　図表中の大枠・太字は改訂によって新設・見直された賃金要素。以降の賃金制度改訂の概要の図表は同じ。
（出典）筆者作成。

こうして創設された業績手当，生活手当に対し，基本給では身分制の廃止に伴う昇給テーブルの見直しが行われた。新たな昇給テーブルは作業員が成年・未成年別，基本給区分別に設けられ，事務員・技術員が基本給区分別に個人の成績考課によって金額が決められた。以上のように改訂された賃金は，生活手当が賃金支給総額の6割近くを占める一方で，新たに創設された業績手当がわずかであったため，依然として生活給要素の強いものであった[21]。

なお，人事制度については　戦前から採用されていた身分差別的な色彩の強い職分・身分制が労働組合の要求によって廃止され新しい制度が導入された。同制度は図表1-4にあるように，従業員全員に同じ「社員」身分を付与するとともに，「事務員」「技術員」「医務員」「作業員」「船員」の職種区分と「部長-課長-掛長-組長-伍長」の役職区分が設けられたことに特徴がみられる[22]。

また，1949年10月に現業員制度を導入し，製鉄所内に荷役現業所を設置して現業員の作業員への登用を開始した[23]。この動きは1948年3月の職業安定法施行規則の改正に伴う請負業者による沿岸または構内の荷役作業が全面的に禁止されたことへの対応である。

図表1-4◆人事制度の概要

【役職区分】	【職種区分】
宿老／工師／組長／伍長／部長／課長／掛長	事務員／技術員／医務員／作業員／船員

(出典) 社史編さん委員会 (1981a)『炎とともに　八幡製鐵株式會社史』新日本製鐵株式會社，p.648より作成。

第4節　職分制度の導入を基軸とする人事・賃金制度の改訂（1953年）

1．制度改訂の概要

　1947年の職分・身分制の廃止以後，会社は役職区分による序列（前掲図表1-4を参照）と基本給序列以外に，全従業員を統一して管理する人事制度が整備されていなかったため，公正な処遇ができないという問題に直面していた[24]。これを是正するため，会社は能力，知識，技能，経験等によって処遇を合理的で公正に決定することを主たる目的として，1953年7月に職分制度の導入と事務職・技術職社員の賃金制度の改訂を行った[25]。この改訂により事務職・技術職社員に支給されていた業績手当が廃止され，新たに加給の導入と基本給の昇給テーブルの見直しが行われた（図表1-5を参照）[26]。

　こうした一連の制度改訂への取り組みは，1953年3月からはじまった春闘の第8回の団体交渉時に，経営側が職分制度の構想を賃上げの回答とともに提案したのがはじまりであった[27]。労働組合側は以下の理由から反対の姿勢をとった。第1に，職分制度は仕組みが戦前の職分・身分制と同じであり，その復活であること，第2に，戦後の経営民主化によって勝ち取った平等主義的な労務管理体制が，経営主導による労務管理体制に変わることに対する若手層の反対が強かったことである。これに対して経営側が一貫して強硬姿勢をとったため，交渉は決裂した。これを受けて労働組合は24時間ストライキを実施したが，ストライキ後の団体交渉においても，経営側の強い姿勢は変わらず，労働組合側は次第に姿勢を軟化させていった[28]。

図表1-5◆賃金制度改訂の概要

		【改訂前】	【改訂後】
作業職		基本給	基本給
		業績手当	業績手当
事務職等		基本給	基本給
		業績手当	加給

(出典)筆者作成。

　その結果，労使は会社案で合意し，同年4月30日に協約を締結した。さらに，1958年9月には，銑鋼一貫体制の戸畑製造所の発足に伴う，①作業長・工長における責任権限の明確化と作業長の作業職社員からの任用，②作業長の非組合員化を主たるねらいとした作業長制度が導入された[29]。

2．人事制度の概要

　職分制度は，人事制度の基礎となる職務遂行能力によって全従業員を区分する制度である（図表1-6を参照）。従業員は「事務職等」と「作業職」の2つの大職分に区分され，前者はさらに「事務職」「技術職」「医務職」の3つの小職分に分かれている。事務職は「主事」から「事務員2級」までの4ランク，技術職は「技師」から「技術員2級」までの4ランクからなる職分がそれぞれ構成されている。その上には管理職層に対応する「理事」「参事」「副参事」の3ランクの職分が設けられている。作業職は「技手」から「作業員」までの4ランクからなる職分が設定されている。
　昇格基準は事務職等，作業職の両方とも，①上位職分で必要とされる能力のあること，②一定の勤続年数要件を満たしていることが主要な内容で

図表1-6◆人事制度の概要

【職分制度】

作業職	事務職等			
		理　事（部　長）		管理職層
		参　事（副　長）		
		副参事（課　長）		
技　手（組　長）	医務職については下記の対応関係を参照。	技師（掛長）	主事（掛長）	一般職層
工手1級（組・伍長）		技師補	主事補	
工手2級（伍　長）		技術員1級	事務員1級	
作業員		技術員2級	事務員2級	
	医務職	技術職	事務職	

※医務職の対応関係

医師・歯科医師・薬剤師の各1級	主事クラス
医師・歯科医師・薬剤師の各2級および看護婦・助産婦の各1級	主事補クラス
医師・歯科医師・薬剤師の各3級および看護婦・助産婦の各2級	事務員1級クラス
看護婦・助産婦の各3級	事務員2級クラス

(注1) 技手には船員1級が，工手1級には船員2級が，工手2級には船員3級が，作業員には船員4級がそれぞれ含まれている。
(注2) （　）内は職分に対応する役職区分である。
(出典) 八幡製鐵所所史編さん委員会編（1980c）『八幡製鐵所八十年史　部門史・下巻』新日本製鐵株式會社八幡製鐵所，p.435をもとに作成。

ある。

3．賃金制度の概要

　事務職・技術職社員に新たに導入された加給は作業職社員の業績手当に相当する賃金で，生産の能率向上が作業職社員のように直接賃金に反映できないため，職能に応じた職分ごとに賃金を固定することで賃金制度の合理化を図ることを目的としていた[30]。個人には「基本給×職分別加給率」によって算出された金額が支給される。加給率は職分ごとに決められてお

り，1951年度を例にすると主事補160％，事務員1級145％，事務員2級130％である[31]。

職分制度の導入に伴う基本給の昇給テーブルの見直しについては，基本給区分別の昇給テーブルから職分の昇給テーブルに改訂された[32]。改訂後の昇給額は作業職社員については成年・未成年別職分別に，事務職・技術職社員については職分別に個人の勤務成績，技能，成績などによる査定によって決められる[33]。

なお，作業職社員の業績手当は職分制度導入に伴う制度上の改訂が行われなかったものの，導入以降，部分的な見直しが繰り返し行われてきた[34]。その結果，現行の仕組みは導入時のそれとは異なり，作業所別に定めた「生産実績の達成度」に応じて従業員に成果を還元する作業所別の団体能率給になっている[35]。そこで，その概要を確認する。

財源算出の手順については[36]，図表1-7にあるように「総財源の算出」と「配分単位（作業所）財源の算出」の2つの方法がとられ，それは八幡製鐵所（作業員）と本社・大阪（事務員・技術員）とで異なっていた。総財源の算出について，八幡製鐵所を例にみてみよう。総財源は単価に［当月業績手当換算生産トン数－当月基準生産トン数］を乗じたものであった。単価は1,000トン当たりの金額であり，当月業績手当換算トン数は「当月換算生産トン数」に「業績手当保障トン数」を加算したもの，当月基準生産トン数は「1工数当たりの基準生産量」に「当月の総就業延工数」を乗じたものであった。なお，当月業績手当換算トン数における当月換算生産トン数は，当月において生産した鋼材，半製品，および外販銑の数量に各換算率を乗じた総和で，各換算率は，鋼材「1」，半製品「0.64」，外販銑「0.4」とした。また業績手当保障トン数は，当月に基準トン数を生産した場合に保障するトン数で，1951年は「93,250トン」とした。

次に，配分単位別財源は，配分単位の作業所ごとに定められた目標労働

第1章　年功賃金完成期（高度成長前夜期）　47

図表1-7◆業績手当の算出手順（1951年）

総財源	①八幡製鐵所 総財源＝単価×（当月業績手当換算生産トン数－当月基準生産トン数） ・単価は1000トンにつき225万円とする ・当月業績手当換算生産トン数はその月の換算生産トン数に93250トンを加算したものとする（93250トンは，基準トン数を生産した場合に基準業績手当を保障するトン数である） ・その月の換算生産トン数はその月において生産した鋼材，半製品および外販銑の数量に各換算率（鋼材「1」，半製品「0.64」，外販銑「0.4」）を乗じたものとする ・当月基準生産トン数は81k150にその月の総就業延工数を乗じたものとする（81k150は1工数当たりの基準生産量である） ②本社，大阪 総財源＝（本社または大阪）基本給総額 × $\dfrac{\text{八幡当月業績手当総額}}{\text{八幡当月基本給総額}}$
配分単位別財源	●配分単位別財源＝普通業績手当財源＋特別業績手当財源 ①普通業績手当財源＝甲財源＋乙財源 ・甲財源＝基本給総額×平均率 　基本給総額＝工場平均日給×30×現在人員 　※現在人員は月末在籍者より兵休者および当月中実出勤皆無の者を差し引いた人員 　平均率＝加配米区分率 × $\dfrac{\text{加配米受給人員}}{\text{受給人員総和}}$ 　※加配米区分率は作業種類（筋労度）によって以下に区分されている。 　　A…25％，B…20％，C…15％ 　　A・B：超重筋のもの，C・D：重筋・中筋のもの，E・F：軽筋のもの ・乙財源＝基本給総額×生産達成率 　生産達成率＝基準率 × $\dfrac{\text{当月換算生産量}}{\text{当月基準換算生産量}}$ × 係数 　※基準率は原則として1947年第4四半期の業績手当の支給率による。ただし，普通業績手当は15％とし，特別業績手当の支給率は次のとおり補正したものによる。 　●特別業績手当支給率　　●特別業績手当補正率 　　15％　　　　　　　　35％→（60％）…当月業績ありたる時 　　30％　　　　　　　　40％→（65％）…前3ヶ月平均を超える時 　　45％　　　　　　　　45％→（70％）…著しく業績ありたる時 　※基準換算生産量＝1947年当時第4四半期の単位当たり生産量×当月就業延工数 　※係数は別表による 　※上式による率が35％に満たないときは（上式によることのできない時を含む）は35％とする ②特別業績手当財源＝賃金支給人員 × $\dfrac{\text{当月生産量}}{\text{基準生産量}}$ × 係数 　※上記の係数は別表係数表を利用する。但し本式が「1」に満たないとき（本式によることの出来ない時を含む）は「1」とする。
個人配分	個人配分＝基本給支給額×成績点

（出典）八幡製鐵勞働組合賃金對策部（1951）『給與便覧』pp.13-14をもとに作成。

生産性に応じて総財源を配分する財源で,「普通業績手当財源」に「特別業績手当財源」を加えて算出された。

普通業績手当財源は,さらに「甲財源」と「乙財源」の2つに分かれている。甲財源は基本給総額に平均率を乗じた金額であり,基本給総額は,工場平均日給に30および現在人員を乗じた金額とした。他方の平均率は加配米区分率に配分単位ごとの加配米受給人員比率［加配米受給人員／受給人員総和］を乗じた比率である。加配米区分率は,作業種類（筋労度）によって区分されていた。乙財源は基本給総額に生産達成率を乗じた金額であり,生産達成率は,基準率に当月換算生産量達成率［当月換算生産量／当月基準換算生産量］および係数を乗じて算出された。基準率および基準換算生産量の基準値は1947年の第4四半期の業績手当支給率および生産量とした。

配分単位別財源をなすもう1つの特別業績手当財源は,賃金支給人員に当月の基準生産量達成率［当月生産量／基準生産量］および係数を乗じて算出された。この支給財源をもとに,個人には「基本給×成績点」によって計算された金額が支給された。

✤ 注

1 第Ⅰ部は田口（2004a）を加筆・修正している。
2 序章注1を参照。
3 賃金制度改訂の時期からみた同社の時代区分のアイデアは,長崎文康（1995）「新日本製鉄の新管理職人事給与制度」『労政時報』第3228号,および元鉄鋼労連常任顧問千葉利雄氏のコメントをもとにしている。
4 同社は会社組織の分割（日本製鐵の八幡製鐵と富士製鐵への分割）と合併（両社の合併による新日鐵の誕生）の歴史を経ているため,粗鋼生産量と従業員数は戦後から八幡製鐵と富士製鐵への分割までは日本製鐵の値を,八幡製鐵と富士製鐵の分割時代は両者を合わせて値を利用している。さらに終戦直後の従業員数の一部のデータに不備があったため1人当たり粗鋼生産量の

データは粗鋼生産量と従業員数のデータが揃う1950年からとしている。
5 　日本製鉄株式会社社史編集委員会（1959）『日本製鐵株式會社史』pp.180-182。
6 　日本製鐵の分割と八幡製鐵の誕生に関する経緯については，さしあたり，八幡製鐵所所史編さん委員会編（1980a）『八幡製鐵所八十年史　総合史』新日本製鐵株式會社八幡製鐵所，pp.195-204を参照のこと。
7 　鉄鋼業に関連する経済政策は，「傾斜生産」「復興金融公庫からの資金融資」「価格調整補給金からの支給」の３つであった。第１の傾斜生産は石炭と鉄鋼を超重要産業に指定して，まず石炭を増産して鉄鋼に灰炭し，次に鉄鋼を増産して炭坑の切羽延長用鋼材を供給し，その相互作用を通じて増産のスパイラル効果を求めた政策であった。
　　第２の復興金融公庫からの融資は，政府が石炭・電力・化学・機械・鉄鋼など，基礎資材部門における設備補修促進用の資金を融資するために，1946年８月に復興金融公庫を設立，これが鉄鋼業再起のテコとなった。
　　第３の価格調整補給金は，生産者の増産意欲を刺激するために1947年７月から施行した「二重価格制」における生産者の赤字補填を行うものであった。鉄鋼業は，政府から銑鉄・鋼材・半製品に対する補助金を同制度が廃止される1951年４月まで補給金を受けた（八幡製鐵所所史編さん委員会編八幡製鐵所〔1980a〕『八幡製鐵所八十年史　総合史』新日本製鐵株式會社八幡製鐵所，pp.157-162）。
8 　「工具」という名称は1940年から使用されはじめていたが，それ以前は「職工」の名称を使用していた（八幡製鐵所所史編さん委員会編〔1980c〕『八幡製鐵所八十年史 部門史・下巻』新日本製鐵株式會社八幡製鐵所，pp.429-430）。また，宿老は能力や見識の優れた熟練工を抜擢して技術水準を高めることを目的とした身分で1920年に創設された。宿老に任命されると定年のない終身勤務となり，技師１級の待遇を受けた。これまで７名が宿老として任命された。この宿老制度は1947年の身分制撤廃とともに廃止されたが，その名称は「称号」と呼ばれる名誉的な肩書きとして残された。最後まで生存していた田中熊吉氏の死去に伴い宿老制度は名実ともに終了した（八幡製鉄労働組合〔1957〕『八幡製鉄労働運動史　上巻』八幡製鉄労働組合，pp.648-649）。
9 　富士製鐵株式會社室蘭製鐵所（1958）『室蘭製鐵所50年史』富士製鐵株式會社室蘭製鐵所，p.669。なお，工具の職分と身分の対応関係については記載がないため不明である。
10　孫田良平編著（1970）『年功賃金の歩みと未来』産業労働調査所，p.406。
11　八幡製鐵株式會社編（1950）『八幡製鐵所五十年誌』p.253。なお，個人配分方法については記載がないため不明である。
12　釜鉄労組企画調査部（1959）『業績手当の解説』p.52。具体的な昇給区分は

不明であるが，その後の1947年改訂（基本給区分別・成績考課別），1950年改訂（職分別成績考課別）の昇給テーブルをもとにすると，職分別成績考課別に昇給テーブルが区分されていることが考えられる。

13　八幡製鐵所所史編さん委員会編（1980c）『八幡製鐵所八十年史　部門史・下巻』新日本製鐵株式會社八幡製鐵所，p.431。この他にも基本給増額の賃金改訂が行われた（同書，pp.432-433）。

14　新日本製鐵労働組合連合会（1994）『新日鐵労働運動史Ⅱ』p.118。

15　経営側が月給制導入に反対した理由について，元鉄鋼労連常任顧問，千葉利雄氏は次のようにコメントしている。「その理由は職員はエリートであり，月給制で処遇しているので，怠けることはない。しかし現場労働者は当時のことだから，月給制にすれば，ズル休みをする者がでてくるのではないかと危惧していた。そういう危惧が経営側に非常に強くあり，労働組合側は建前として精錬活気に頑張ると団体交渉で主張していたが，本音では3万5千人の組合員にも悪い人もいるので自信がなかった。そのため労働攻勢が強かった中で，突っぱねることができなかった。常識的に考えて，あの時代にいきなり月給制を導入することは難しかったと思う。」（1998年2月5日，インタビュー）また，2.7闘争および賃金改訂における労使間の一連の交渉過程については，八幡製鉄労働組合（1957）『八幡製鉄労働運動史　上巻』pp.550-665を参照のこと。

16　八幡製鐵所所史編さん委員会編（1980c）『八幡製鐵所八十年史　部門史・下巻』新日本製鐵株式會社八幡製鐵所，p.434。業績手当の導入は同年夏の労働組合の賃金スライド制，および赤字補填としての一時金要求に端を発した賃金交渉過程における中央労働委員会の斡旋が契機であった。

17　八幡製鉄労働組合（1957）『八幡製鉄労働運動史　上巻』p.167，pp.565-566，pp.646-647，p.754，八幡製鉄労働組合（1959）『八幡製鉄労働運動史　中巻』p.108，および釜鉄労組企画調査部（1959）『業績手当の解説』p.64。なお，『業績手当の解説』では，作業員を日給社員，事務員・技術員を月給社員と記載している。また，導入時の特別業績手当の支給率は平均5％であった（財団法人労働法令協会〔1950〕「日本製鉄の能率給の推移」『賃金通信』Vol.3，No.8）。1948年5月31日に締結された協定書では，事務員・技術員の業績手当は毎月支給されるように改訂された（八幡製鉄労働組合〔1959〕『八幡製鉄労働運動史　中巻』p.253）。

18　八幡製鐵株式會社編（1950）『八幡製鐵所五十年誌』p.255。

19　業績手当はその後，1953年改訂まで支給率や算定基準などが毎年のように改訂された。そのなかで，制度上の仕組みに関わる主な改訂は1948年8月と1949年11月の財源算出方法の見直しであり，1948年3月改訂では，生産状況が好転したことにより，生産量に直接リンクする仕組みに見直された。1949

第 1 章　年功賃金完成期（高度成長前夜期）　　51

年11月改訂では，企業分割を控え，生産の拡大に伴う人件費の増大を抑制するために，財源算出の指標がこれまでの「粗鋼ならびに鋼材の生産量」から作業所別に新たに定められた「生産実績の達成度」に改訂された。その詳細は，財団法人労働法令協会（1950）「日本製鉄の能率給の推移」『賃金通信』Vol.3，No.8を参照のこと。

20　新たに創設された能率給関連の手当については，原単位報奨金が1948年7月から翌1949年9月まで，臨時生産手当が1948年7月から1950年7月まで導入された。原単位報奨金は，業績手当が生産の量的面における能率給であるのに対して，原料の節約などコスト切り下げに対する能率給であり，臨時生産手当は生産割当を達成した時に支給される手当であった。これらの詳細については，財団法人労働法令協会（1950）「日本製鉄の能率給の推移」『賃金通信』Vol.3，No.8を参照のこと。

21　孫田良平編著（1970）『年功賃金の歩みと未来』産業労働調査所，p.402。

22　八幡製鐵所所史編さん委員会編（1980c）『八幡製鐵所八十年史　部門史・下巻』新日本製鐵株式會社八幡製鐵所，p.431。

23　八幡製鐵所所史編さん委員会編（1980c）『八幡製鐵所八十年史　部門史・下巻』新日本製鐵株式會社八幡製鐵所，pp.436-437。その後，約10年をかけて，現業員から作業職社員への登用が逐次行われ，1959年4月に同制度はその役割を終えるとともに，現業員の労働組合である八幡製鐵現業労働組合も八幡製鐵労働組合に吸収された。

24　八幡製鐵所所史編さん委員会編（1980c）『八幡製鐵所八十年史　部門史・下巻』新日本製鐵株式會社八幡製鐵所，p.434。

25　八幡製鐵所所史編さん委員会編（1980c）『八幡製鐵所八十年史　部門史・下巻』新日本製鐵株式會社八幡製鐵所，pp.434-436。

26　作業職社員の業績手当については，財源の算出に使われる値の改訂が行われたものの，従来の仕組みは引き継がれた（孫田良平編著〔1970〕『年功賃金の歩みと未来』産業労働調査所，p.410）。

27　八幡製鉄労働組合（1960）『八幡製鉄労働運動史　下巻』p.413。

28　その背景には，第2次ストライキに向けた八幡労組をはじめとする鉄鋼労連内部における統一闘争の足並みがそろわなかったことが挙げられている（八幡製鉄労働組合〔1960〕『八幡製鉄労働運動史　下巻』pp.464-487）。

29　第1のねらいについては，従来の「掛長－監督技術員－組長－伍長」の4ランクから「掛長－作業長－工長」の3ランクに階層が簡素化され，監督技術員と組長の職務の作業長の職務への統合と，伍長の仕事の工長への引き継ぎが行われた。さらに従来の監督技術員，組長，伍長では，職務明細書が作成されず職務権限が明確にされていなかったが，作業長制度では「一般職務明細書」が作成され，作業長，工長の職務権限が明確にされた。こうした一

連の取り組みに加えて，原則として作業長は作業職社員から任用すること，さらに従来は一部の例外を除いて，作業職社員が到達できる最高地位を組長としていたのを，作業長から掛長・工場長への昇進の道を開いたことによって，従業員全体の志気を大きく向上させた。

　第2のねらいである作業長の非組合員化については，組織活動の弱体化を懸念した労働組合からの猛烈な反対があり，激しい労使交渉が行われた。経営側が労働組合側の4項目の主張（①職場生産委員会の設置，②苦情処理委員会の設置，③病院看護婦，寮炊事勤務員の一部通勤制許容，④組合専従員の特定工場出入り規制の緩和）を受け入れたことで交渉は妥結し，1963年9月に正式に作業長の非組合員化が実施された（社史編さん委員会〔1981a〕『炎とともに　八幡製鐵株式會社史』新日本製鐵株式會社，pp.649-650）。

30　八幡製鉄労働組合（1960）『八幡製鉄労働運動史　下巻』pp.419-420。
31　八幡製鉄労働組合（1960）『八幡製鉄労働運動史　下巻』p.458。
32　八幡製鐵所所史編さん委員会編（1980c）『八幡製鐵所八十年史　部門史・下巻』新日本製鐵株式會社八幡製鐵所，p.436。
33　八幡製鉄労働組合（1960）『八幡製鉄労働運動史　下巻』pp.766-767。
34　見直しの変遷の概要は注29を参照のこと。
35　八幡製鐵所所史編さん委員会編（1980c）『八幡製鐵所八十年史　部門史・下巻』新日本製鐵株式會社八幡製鐵所，p.434。
36　八幡製鐵勞働組合賃金對策部（1951）『給與便覽』，pp.13-14。

第2章

年功賃金と能力主義賃金の並立期
（高度成長期）

第1節　職務給の導入を伴う賃金制度改訂（1962年）

1．制度改訂の概要

　高度成長期に入ると，生産設備の合理化，技術革新と管理システムの近代化による職務内容の高度化，高校卒業者の定期採用化による労働力構成の変化など，経営を取り巻く環境は変化した。とりわけ現場の職務内容の高度化は著しく，経験年数に基づく年功序列と職務内容の高度化に対応した技能序列との間に乖離が生ずる等により，公平な処遇ができなくなっていた。こうした問題を是正するため，1962年の春闘で経営側は職務給を労働組合に提案した[1]。

　この提案に対して労働組合は，反対の方針はとらず是正闘争で対応した。その主な理由は，年功序列賃金における矛盾，とりわけ若年労働者の年功序列賃金に対する不満が大きくなっていたことである[2]。同年4月18日から本格的な交渉がはじまったものの，職務給の運用について労使双方の主張は対立した。労働組合側は原則として昇進を「同一作業系列内の先任順」を主張したのに対して，経営側は「人事考課による昇進」を主張した[3]。3ヶ月余にわたる交渉の結果，労働組合側が会社案を受け入れることで交渉は6月30日に妥結した。

図表 2-1 ◆賃金制度改訂の概要

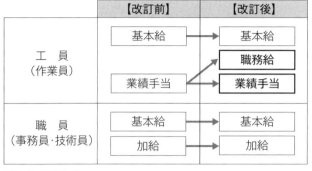

(出典) 筆者作成。

2．賃金制度の概要

2.1 制度改訂の概況

　作業職社員の基本賃金は「基本給」「職務給」「業績手当」の3つから構成されている（図表2-1を参照）。基本給については年齢別初任基本給に職分別定期昇給を積み上げる従来の仕組みが引き継がれる等，大幅な改訂は行われなかった[4]。

　一方，「基本給」と「加給」の2つからなる事務職等社員の基本賃金については，賃金制度改訂が作業職社員に職務給を導入することを目的としているために大幅な改訂は行われず，その内容は基本給における昇給テーブルの見直し，加給における加給率の見直し等にとどまった[5]。

2.2 職務給

　職務給は作業職と対象とするアメリカ型の職務給であり，業績手当等の一部をもって財源とした。個人には，「方」と呼ばれる「職級」に対応す

る金額が支給される。職級は職務評価に基づいて設けられている。職務評価は「基礎知識」「熟練」「責任」「判断」「精神的負荷」「肉体的負荷」「作業環境」「災害危険度」の8つの評価要素からなる点数法で行われ，その合計評点を20職級に区分した[6]。各職級には「初級金額」「標準金額」「上級金額」の3段階からなる複数賃率が設定され，同一職級内で「職務内昇給」と呼ばれる昇給が行われた。昇給基準は次のとおりである[7]。

① 初級金額から標準金額への昇給は，初級金額適用後6ヶ月経過した者を対象に，翌月1日付けで行う。ただし，同期間の欠勤日数が月平均15日を越えるもの，および出勤停止の懲戒処分を受けた者を除く。

② 標準金額から上級金額への昇給は，標準金額適用後3年を経過した者を対象に，毎年4月1日もしくは10月1日付けで行う。ただし，同期間の欠勤日数が月平均5日を越えるもの，減給以上の懲戒処分を受けた者および成績優秀と認め難い者を除く。

③ 配置された「方」が上位職級の「方」に変わった場合，上位職級の賃金表を適用する。

2.3 業績手当

作業職を対象とする業績手当では，職務給導入に伴う財源の一部の職務給への繰り入れ，総財源における新たな財源（附加財源）の設置および算定方式における暦補正制度の廃止が行われた。大規模な設備投資が行われるなか，従来の生産の「能率」だけではなく，「規模」にリンクした財源の算定方式に見直すとともに，生産が増えても暦年数の変動による支給金額の変動を是正することがその目的であった[8]。

改訂後の業績手当は工場別の団体能率給で，個人には「基本給×成績点」によって算出された金額が支給された。成績点は最低6点，最高12点の範囲で0.5点刻みに設定され，各人の技能，勤怠，成績，責任，作業の

第2章　年功賃金と能力主義賃金の並立期（高度成長期）　57

図表2-2◆業績手当の算出手順（1963年）

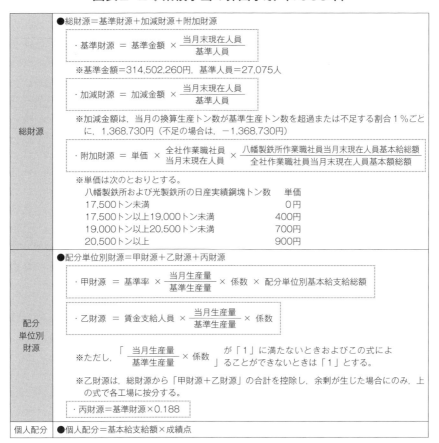

（出典）八幡製鉄労働組合企画調査部（1963）『協約・協定書集』pp.79-88から作成。

難易度等を勘案して評点された。

　業績手当の財源を算出するプロセスは（図表2-2を参照），大きく「総財源の算出」と「配分単位（作業所）財源の算出」の2つに分かれている[9]。まず，総財源は「基準財源」「加減財源」「附加財源」の3つから構成され，基準財源は基準金額に作業職社員人員の増減率を乗じた財源で

あった。なお，この基準金額と基準人員は労使交渉により決められていた。

　加減財源は基準財源と同じように加減金額に作業職社員人員の増減率を乗じた財源で，当月換算生産トン数が当月基準生産トン数を超過または不足する割合に応じて，基準財源に加算あるいは減額された[10]。

　新たに新設された附加財源は，「単価」に「全社作業職社員の当月末現在人員」および「全社作業職社員の当月末現在人員基本給支給額に占める八幡製鐵所作業職社員の当月末基本給支給額の割合」を乗じて算出される財源であった。単価は日産実績鋼塊トン数に応じて決められていた。

　次に配分単位別財源の算出をみると，財源は「甲財源」「乙財源」および「丙財源」の3つからなり，総財源を工場ごとにその目標生産性に応じて配分していた。甲財源は，基準率，当月基準生産量達成率［当月生産量／基準生産量］および係数によって算出された率を「当月末の現在人員基本給支給総額」に乗じた金額であった。基本給支給総額は工場平均日給に「30」および「現在人員」を乗じた額であり，「基準率」および「係数」の設定は労使交渉によって決められていた。

　乙財源は，業績手当総財源から「甲財源と丙財源の合計額」を差し引いた残額を原資としており，賃金支給人員に「当月基準生産達成率［当月生産量／基準生産量］」および「係数」を乗じて計算された。なお，「当月基準生産達成率×係数」は甲財源の算式を適用しているが，この算式の値が「1」に満たない等の場合，その値を「1」とした。3つ目の財源である丙財源は，基準財源に定率（18.8％）を乗じた金額であった。ただし，甲財源と丙財源の合計額が業績手当総財源を超える場合，その超過額は翌月分の業績手当財源から控除された。

第2節　職掌制度と工場別能率給の導入を伴う人事・賃金制度改訂（1967年）

1．制度改訂の概要

　貿易・資本の自由化を中心とした開放経済体制の進展に伴う国際競争の激化，国内の寡占的過当競争の熾烈化，技術革新の進展ならびに新規学卒者を中心とする若年労働者不足等を背景にして，同社は経営の合理化・効率化を迫られていた。こうした状況の下，労働組合は1966年の春闘において職分制度および業績手当の是正を要求したが，経営側は「直ちに改訂の意志はないが，全く問題がないわけではないので，1967年春を目途に検討する」と回答するにとどまった[11]。本格的な改訂交渉がはじまったのは翌1967年の春闘時であり，経営側から改訂の具体的な提案がなされた[12]。3月から5月までの約2ヶ月間，29回にわたる交渉が行われ，6月1日に労使は合意した。

　この改訂は労務費の弾力化と職務と能力に応じた公正な処遇の実現を目的とした改訂であり，人事制度には「職掌制度」が，賃金制度には「団体能率給」と「職能給」が新たに導入された[13]。

2．人事制度の概要

2．1　職掌制度と職務層区分の概要

　職掌制度は，①職務と能力に即した公平な社員秩序の確立，②期待される能力の明確化と能力に応じた配置，登用，③職務と能力に基づく公平な

処遇を目指した制度であり,「職務層区分」と「職掌区分」から構成されている（図表2-3を参照）。職務層区分は，全従業員の「職務・職責」レベルを職務分析・職務評価によって区分する制度であり，職務は「一般職務」と，特殊な職務である医療関係職務，保安職務および乗用自動車運転職務からなる「特別職務」に分かれる。さらに一般職務は，「部長・副長」から「掛長」までの管理職層の職務層と「4級職務層」以下の一般職層の職務層から構成され，さらに一般職層の職務層は「生産作業を行う職務またこれに関連する職務」と「企画的もしくは，統括的職務およびこれらに関連する職務」に分かれ，前者の「生産作業を行う職務または，これに関連する職務」は「工長職務層」「上級技術職務層」「技術職務層」「一般職務層」の4職務層，後者の「企画的もしくは，統括的職務およびこれらに関連する職務」は「4級職務層」「3級職務層」「2級職務層」「1級職務層」の4職務層がそれぞれ設けられている。

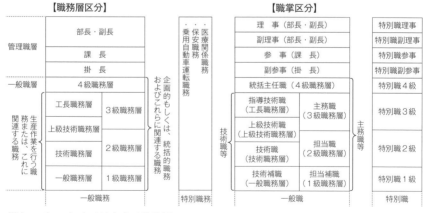

図表2-3◆職掌制度の概要

（注）（　）内は対応する職務層。
（出典）労務行政研究所（1967a）「八幡製鉄の新人事給与制度－代表5社にみる新しい人事・賃金制度－」『労政時報』第1909号をもとに筆者作成。

2.2 職掌区分の概要

　職掌区分は職務遂行能力による従業員の区分であり，配置や能力開発などの基盤となる制度である。それは職務層区分に対応して作られており，職務層区分の一般職務に対応する「一般職」と，特別職務に対応する「特別職」の2つから構成される。さらに一般職は職務層区分の一般職務に対応して，技術職等社員，主務職等社員の2つに分かれ，技術職等社員は「指導技術職」「上級技術職」「技術職」「技術補職」の4職掌，主務職等社員は「統括主任職」「主務職」「担当職」「担当補職」の4職掌がそれぞれ設けられている。なお，今回の改訂では区分の名称も変更され，旧職分制度の「作業職社員」は「技術職等社員」に，「事務職等社員」は「主務職等社員」にそれぞれ変更された。

　職掌昇任は上位職掌で必要とされる能力を満たしていることが重要な条件であり，その昇任方法は技術職等社員を例にすると「一般昇任」と「職能昇任」の2つの方法がある[14]。一般昇任は「職務」による昇任方法で，①社員が従事する職務（方）が上位の職務層内の職務に昇進し，しかも②その職務を遂行する能力があると認定された場合に，上位の職務層に対応する職掌に昇任する方法である。もう1つの昇任方法である職能昇任は「能力」による昇任方法で，社員が従事する職務（方）が上位の職務層内の職務に昇進しないものの，上位の職務層の職務を遂行する能力があると認定された場合に，上位の職務層に対応する職掌に昇任する方法である。

　選考では，日常の業務遂行実績に関する考課をはじめとして，面接，論文，筆記試験などが行われたものの，職掌によって方法が異なっていた。なお，職掌区分では社員の秩序を安定させるため，下位の職掌への降格を行わないとした。新しい制度への移行にあたり，一般職務については旧職分制度のもとで形成された社員秩序を安定させるための措置が行われた[15]。

　こうした職掌制度は，能力主義的な人事管理制度としてかなり近代化さ

れた形態をとっており，後に新日鐵が導入する職能資格制度の原型となった[16]。

3．賃金制度の概要

3．1　技術職等社員
3．1．1　基本給と職務給

この改訂により，賃金制度は図表2-4に示すように変化した。技術職等社員の基本賃金は「基本給」「職務給」「能率給」「業績手当」の4つからなり，基本給については次の改訂が行われた。まず制度面では，これまで別々に行われていた技術職等と主務職等の基本給管理が一元化され[17]，初任給を年齢別初任給から職掌別学歴別初任給とした[18]。さらに運用面での改訂も行われ，定期昇給は従来の7月1日から原則として毎年4月1日に変更された[19]。職務給については，職務級表の改訂が行われただけで大幅な改訂は行われず，従来の仕組みが引き継がれた[20]。

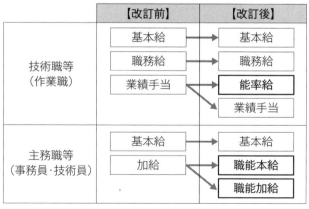

図表2-4◆賃金制度改訂の概要

（出典）筆者作成。

3.2.2　能率給と業績手当

　次に，旧業績手当は新たに導入された能率給と業績手当に分割され，業績手当については，粗鋼生産量および販売実績にリンクした従来型の総財源按分方式が引き継がれたものの[21]，総財源の算出方式の部分的な見直し，財源の３分の１への削減等が行われた[22]。

　新しく導入された能率給は，旧業績手当が抱えていた３つの問題点[23]——①工場の支給財源が他工場の能率の影響を受ける総財源按分方式では，工場ごとの能率に応じて賃金を決めることにならないため納得性を得ることができないこと，②能率測定尺度が全社的に統一されていないために能率評価の公平性に問題がみられること，③職務給の導入に伴い基本給を個人配分の基礎給としている従来方式が合理性を失っていること——を是正することを主たるねらいとした団体業績給である。その仕組みは，毎月発表される職場ごとの「作業遂行率」と「設備稼働率」の２つの能率指標に基づいて財源が算定され，それが基本給，職務給，成績点に基づいて個人に配分される方式をとっている。図表２-５はその具体的なプロセスを示している。

　能率給を算出するプロセスは，大きく「配分単位別財源の算出」と「個人配分」の２つに分かれている。配分単位別財源の算出方法は「生産部門」と「サービス部門」で異なるため，ここでは生産部門を取り上げる[24]。

　配分単位財源は，「第１財源」と「第２財源」からなり，配分単位は「掛または職場」である。第１財源は「基本給支給総額×支給率Ａ」によって，第２財源は「職務給支給総額×支給率Ｂ」によってそれぞれ算出される。この方式のなかの支給率（支給率Ａと支給率Ｂ）は「作業遂行率」と「設備稼働率」の達成率から決められる。作業遂行率は生産現場で従事する作業者の作業能率を示す指標で，「作業者標準時間値×生産単位数／生産実働延時間」によって算定される。作業者標準時間値とは，１つの仕事

図表2-5◆能率給の算出手順

算出の手順	算出式
①配分単位別財源を算出する	能率測定単位別財源＝第1財源＋第2財源 （1）生産部門 ・第1財源＝基本給支給総額×支給率A ・第2財源＝職務給支給総額×支給率B ※支給率A，Bは，毎月会社から能率測定単位ごとに発表される。 　なお，支給率は達成率から求められる。 ・能率測定単位は，「掛」または「職場」。 ・達成率は，最終的に以下の式によって求められる。 　　達成率＝0.475×作業遂行率＋0.7×設備稼働率 　　作業遂行率＝$\frac{作業者標準時間値 \times 生産単位数}{生産実働延時間}$＝$\frac{作業者総標準時間}{生産実績延時間}$ 　　設備稼働率＝設備総標準時間＋遅延余裕／稼働すべき時間 （2）サービス部門 ・第1財源＝基本給支給総額×（0.5または0.7×補正リンク先支給率A＋0.5または0.3×一律支給額A） ・第2財源＝職務給支給総額×（0.5または0.7×補正リンク先支給率B＋0.5または0.3×一律支給額B）
②個人に配分する	能率給月額＝第1財源×$\frac{個人（基本給 \times 成績点）}{能率給測定単位（基本給 \times 成績点）の合計}$ 　　　　　　＋第2財源×$\frac{個人（基本給 \times 成績点）}{能率給測定単位（職務給 \times 成績点）の合計}$ ※成績点は6～12点の間で，0.5刻みで評価される

（出典）鉄鋼労連・八幡製鉄労働組合（1967d）『新・能率給，人事制度〔解説版〕』pp.2-7，および宮部堯（1967）「八幡製鉄の新能率給制度の全容」『賃金通信』Vol.20，No.16より作成。

（たとえば，1枚の厚板を圧延する仕事）を普通の速さで仕上げるのに要する標準時間であり，生産単位数は生産実績である。したがって，作業者が効率よく働くと生産実働延時間が短縮されるので作業遂行率は向上する。

　他方の設備稼働率は「（設備標準時間値×生産単位数＋遅延余裕）／稼働すべき時間」により算定される。設備標準時間値は時間研究や理論計算等によって求めた1生産単位当たりの標準時間である。また遅延余裕とは，人為的な作業ミスによる設備の停止時間ではなく，作業者にとって避けられない設備の停止時間（たとえば，設備不良による故障，発電所事故による停電等）で，一定時間（普通5分前後）以上のものは「遅延余裕」とし

て換算される。この作業遂行率と設備稼働率をもとにして、達成率が図表2-5に示す方式によって決められる。

次に、個人に配分される金額は、①配分単位ごとの財源（第1財源、第2財源）に、基本給、職務給それぞれに成績点を乗じた得点数の、部門の総得点数に占める個人の総得点数の比率を乗じて決められる。成績点は各人の技能、勤怠、成績、責任、作業の難易度を勘案した評点で、その範囲は最低6点、最高12点である。

こうした能率給と旧業績手当との主要な違いを整理すると、次の3点である[25]。

第1は、決め方の見直しである。それまでの粗鋼生産量および販売実績にリンクした「総財源按分方式」から、部門単位（掛または職場）ごとに設定された作業遂行率と、設備稼働率の能率指標からみた達成率に応じて「成果を従業員に還元する方式」に変更されたため、部門の能率が反映されるようになった。

第2は、能率の測定方式の見直しである。「標準時間」を基準とする方式がとられるようになり、全社を通じて客観的、公平な能率測定が可能となった。

第3は、財源原資の見直しである。それまでの「基本給支給総額の単独型」から「基本給支給総額と職務給支給総額の併用型」とし、財源に占める割合を基本給支給総額「70％」、職務給支給総額「30％」としたため、年功的な決定方式から業績を反映する方式に転換した。

3.2　主務職等社員

主務職等社員の基本賃金は「基本給」と「職能給」の2つからなり、基本給については技術職等社員と同様に、①技術職等と主務職等の基本給管理の一元化、②初任給における年齢別初任給から職掌別学歴別初任給への

変更，③昇給日時の変更等，が行われた。

　主務職等社員を対象に，加給に代わって新しく創設された職能給は「職務」と「能力」に応じた賃金であり，職務と結びついた賃金ではなかった加給を職務と結びつけるとともに，同一職務であっても社員の能力レベルの違いによって職務遂行に差異が生じる非定型的業務の職務特性を考慮するため，能力と結びつけることで公平な処遇を図ることをねらいとしている[26]。職能給は「職能本給」と「職能加給」の２つの賃金要素から構成されている（前掲図表２-４を参照）。職能本給は職務と能力に応じた職級別職掌別定額給で，個人には職務的価値区分である「職級」と職務遂行能力区分である「職掌」に基づいた金額が支給される。

　運用方法は以下のとおりとしていた[27]。

①標準金額は，その職級に対応する職掌の者に適用する。

②上級金額は，その職級に対応する職掌より上位の職掌の者に適用する。

③職掌に対応する職級より上位の職級の職務に配置された者については，職掌に対応する職級の標準金額を適用する。

　職能加給は職掌内の能力の伸びに応じて支給される職掌別範囲給で，個人には職掌ごとに設定された号俸金額が支給される。毎年定期昇給時（４月１日）に各人の技能，経験，成績などによる査定を行い，当該職掌区分の号俸テーブルの改訂が行われた[28]。

　職掌昇任時の職能加給の適用については以下のとおりとしていた[29]。

①昇任時の職能加給金額が昇任前の号俸金額と同額の場合，昇任時の号俸金額を適用する。

②昇任時の職能加給金額が昇任前の号俸金額と異なる（下がる）場合，昇任時の号俸金額の直近上位の号俸金額を適用する。

③昇任前の職能加給金額が昇任時の職能加給金額の最高号俸額を超える場合，昇任前の職能加給金額を適用する。

第2章　年功賃金と能力主義賃金の並立期（高度成長期）　67

第3節　新日本製鐵の発足における人事・賃金制度改訂（1970年〜1973年）

1．制度改訂の概要

　高度経済成長に支えられ，最新技術の導入，設備の大規模化と近代化によって世界有数の国際競争力を確立してきた鉄鋼業も，この期になると，景気変動による不安定な鉄鋼価格の問題，過当競争による需給の不均衡の問題などに直面していた。こうしたなかで寡占的協調体制に向けた八幡製鐵・富士製鐵合併の機運が醸成され，1970年3月に新日本製鐵が誕生した[30]。新しく発足した新日鐵は，合併に伴う諸制度の調整・統一と能力による公正な処遇の実現を目的として1970年10月に人事制度改訂を，翌1971年10月に賃金制度改訂を，さらに1973年5月に業績給の改訂をそれぞれ行った。

　この人事・賃金制度改訂の取り組みは，1968年秋からはじめられた合併への準備作業の一環として開始された。そこでは，両社の人事労務管理全般にわたって調査・分析が行われ，①合併前に両社で調整できる事項，②合併時点で統一できる事項，③合併後でなければ統一できない事項の3つに分けて検討が行われた[31]。こうした準備作業を受けて，制度改訂に関わる労使の本格的な話し合いが合併前の1970年3月10日にはじめられた。八幡製鐵・富士製鐵の両経営側が八幡・富士の両労働組合に「合併に伴う労働条件・諸制度の取り扱い」の提案を[32]，同年8月10日には「新人事制度とこれに伴う給与の改訂」の提案をそれぞれ行った。これらの提案を受けて，八幡・富士両労働組合は新日本製鐵労働組合協議会（新日鐵労協）を

発足させて団体交渉に臨み，同年10月１日に，人事制度と賃金制度のなかの基本給と職能給の大枠が合意された。しかし，職務給と能率給については労使双方で考え方に大きな隔たりがあるため，職務給，能率給，業績手当労使検討委員会が設置されて，議論がさらに行われた。同委員会は約６ヶ月間，延べ15回にわたって開催され，そこでの検討を踏まえて，1971年10月に職務給の導入，1973年５月に能率給の統一と業績給の導入が行われた[33]。

２．人事制度の概要

2.1　人事制度改訂の概要

　新しい人事制度は，第１に全社員共通の資格区分を導入することによって社員の一体感の醸成を図ること，第２に職務と職務遂行能力に基づく能力主義を実現することによって公正な処遇を図ることの２つを主たるねらいとした制度で[34]，「資格区分」「職務層区分」「系列区分」から構成されている（図表２-６を参照）。今回の改訂で職掌制度は廃止され，新たに資格区分と系列区分が創設された。

2.2　系列区分

　系列区分は組合員の対象範囲である担当補から統括主事までに適用される制度であり，適性，能力に基づく長期的な予定配置区分である「技術職社員」「主務職社員」「医務職社員」の３系列から構成される。旧八幡製鐵の職掌制度，旧富士製鐵の職能制度から新しい系列区分への移行は，次の手順で行われた。

　まず，旧八幡製鐵の職掌制度からの移行については，従来では技術職（技術職系の統括主任職を含む），統括主任職（技術職系の統括主任職を除

第2章　年功賃金と能力主義賃金の並立期（高度成長期）

図表2-6◆人事制度の全体像

	【職務層区分】		【資格区分】	【系列区分】		
管理職層	部　長		理　事			
	副部長		副理事			
	課　長		参　事			
	掛　長		副参事			
一般職層	作業長職務	C分類職務	統括主事	技術職社員	主務職社員	医務職社員
	工長職務	B分類職務	主　事			
	一般職務	A分類職務	主担当			
			担　当			
			担当補			
	（生産関連職務）	（その他職務）				

(出典) 労務行政研究所 (1971)「新日本製鐵の新人事・給与制度－能力主義をめざす最近の人事管理制度例」『労政時報』第2085号を一部修正。

く），主務職，特別職の4区分となっていたが，新人事制度では，旧技術職は「技術職社員」，旧統括主任職，旧主務職および旧特別職（秘書関係乗用車運転手）を統合して「主務職社員」，旧特別職（医療関係職務従事者）は「医務職社員」とする3区分とした[35]。これに対して，旧富士製鐵の職能制度からの移行については，従来では技能職，事務職，技術職，医務職の4区分となっていたが，新人事制度では旧技能職は「技術職社員」，旧事務職と旧技術職を統合して「主務職社員」，旧医務職は「医務職社員」とする3区分とした。旧事務職と旧技術職の統合については，技術の進展や経営管理技法の発達により，生産管理，IE，機械計算等，事務職と技術職に分類できない職務が生じ，社員の専門知識に基づいて両者に区分する意義が薄れてきていたためである[36]。

2.3　職務層区分

職務層区分は組織構造に対応する職務階層，つまり職務・職責レベルを

表す区分である。同区分は「管理職層」と「一般職層」とに分かれ，管理職層は「部長」から「掛長」までの4階層から構成される。一般職層は「生産関連職務」と「その他職務」に分かれ，「生産関連職務」は「作業長職務」から「一般職務」までの3階層から，「その他職務」は「C分類職務」から「A分類職務」までの3階層から，それぞれ構成されている[37]。
新しい職務層区分への移行にあたり，以下の措置がとられた[38]。

① 旧八幡製鐵の職級（4級～初級），旧富士製鐵における職務分類（3分類～1分類）との対応関係は，次のとおりとする。まず，旧八幡製鐵の職級については，4級をC分類，3級をB分類，2級および初級をA分類とする。これに対して，旧富士製鐵の職務分類は，3分類をC分類，2分類をB分類，1分類をA分類とする。

② 旧八幡製鐵の職掌制度における職務層区分からの移行は，次の2つである。

   a. 旧八幡製鐵の職掌制度は生産関連職務を職務給上の職級と結びつけ，職務層を把握していたが，新しい制度はこの結びつけを廃止する。

   b. 旧八幡製鐵の職務層区分は生産関連職務を5区分，その他を4区分としていたが，新しい制度では3区分に統一する。

2.4　資格区分

資格区分は職務層区分に対応した職務遂行能力に基づく全社員共通の区分であり，賃金をはじめとする処遇の基盤となる制度である。この区分は「理事」から「担当補」までの9階層から構成され，副参事以上が「管理職相当資格」，統括主事以下が「一般職相当資格」になる。資格区分と職務層区分の対応関係は，一般職相当資格を例にすると，「統括主事」が「作業長職務」と「C分類職務」に，「主事」が「工長職務」と「B分類職

務」に,「主担当」から「担当補」までが「一般職務」と「A分類職務」にそれぞれ対応している。社員は能力・業績・勤続年数等をもとに特定の資格に格付けされる。

　資格昇格は毎年4月1日付けで実施され,昇格基準は現行資格における能力および過去の業績に加え,職務遂行可能性または専門性の高さ等で,上位資格において必要とされる資格要件を満たしていることとしていた。具体的には,職務,経験,知識,勤務成績,会社業務への貢献度などの日常考課を基本としていた。

　資格昇格には次の3つの方法があり,第1の方法は「職務昇格」で,役職（職務）昇進する者が対応する資格区分に昇格する方法である。第2の方法は,能力があっても相応の役職につけない者が能力に見合う資格区分に昇格する「能力昇格」で,第3の方法は,業務に精励恪勤(せいれいかっきん)の貢献度がある者がそれ相応の資格区分に昇格する「貢献度昇格」である。選考方法は,所属長の推薦を受けて面接,論文審査,筆記試験が行われるものの,資格によって選考の方法は異なっていた。

　新資格区分への移行については,原則として八幡製鐵は職掌区分ごとに,富士製鐵は職能区分ごとに,それぞれ設定された基準で行われた[39]。また個々人の資格への格付けについては,経験・能力,会社業務への貢献度が同程度と認められた者を同一資格に格付けすることを原則とするものの,旧両社の社員秩序を尊重し,新しい資格秩序へ円滑に移行できるように配慮された。さらに旧富士製鐵の人事制度では,一度昇格してもその資格の要件を欠くようになった場合は降格することがあったものの,新制度では社員秩序を安定させるため,一度昇格したら降格はしないこととした[40]。

3．賃金制度の概要

3．1　技術職社員
3．1．1　制度改訂の概要と基本給

　図表2-7は賃金制度改訂の全体像を整理したものである。技術職社員については，①職務給を新たに導入された職務加給と職務給に分割する，②業績手当を廃止し，能率給を業績給に変更するとの改訂が行われた。

　基本給は従来の枠組み（初任基本給に資格区分別昇給を積み上げていく枠組み）が引き継がれたものの，賃金制度改訂に伴う，①学歴別初任基本給の設定，②中途採用者に対する年齢別最低基本給制度の設定，③移行時における基本給の調整が行われた[41]。

3．1．2　職務給および職務加給

　職務給については，従来の仕組みが引き継がれるとともに，両社に相違

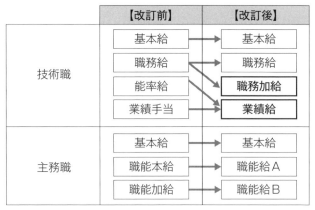

図表2-7◆賃金制度改訂の概要

		【改訂前】	【改訂後】
技術職		基本給	基本給
		職務給	職務給
		能率給	**職務加給**
		業績手当	**業績給**
主務職		基本給	基本給
		職能本給	職能給A
		職能加給	職能給B

（出典）筆者作成。

がある職務「方」の範囲，職務評価基準，給与支給基準の調整が行われた[42]。新たに導入された職務加給は個人の職務遂行度・成果に応じて決まる，職務給を補完する賃金である。職務給では対応できない，職級アップにつながらない合理化，多能工化による職務内容の変化，技能の伸び等の問題を是正することが導入の背景にあった[43]。

　算出プロセスは，大きく「配分単位別の財源算出」と「個人配分」の2つに分かれる[44]。まず，配分単位別の財源は「配分単位別職務給月額総額×職務加給支給率」によって算出される。配分単位は「掛」であり，職務加給支給率は「一定率」が設定されている[45]。この財源決定をベースにして，個人配分は「職務給×職務加給支給率×加給係数」によって算出される。加給係数は個人の職務遂行度・成果の考課で決まる係数であり，その範囲は平均1.00，上限1.45，下限0.55である。

3.1.3　業績給（1973年）

　新たに導入された業績給は，設備投資や技術革新の進展によって複雑化した両社の旧能率給を，合併を機に簡素化することを主たる目的とした賃金である[46]。その仕組みは，毎月測定される全社レベルで設定された目標粗鋼生産性に対する実績粗鋼生産性の比率（達成率）に基づいて財源が算定され，それが「基本給×成績点」によって個人に配分される方式がとられている。図表2-8はその具体的なプロセスを示している。業績給を算出するプロセスは，大きく「配分単位別財源の算出」と「個人配分」の2つに分かれている。まず配分単位別財源は「A財源」と「B財源」からなり，配分単位は「工場あるいは課」である。A財源は「基本給支給額の総和×支給率」によって，B財源は「額×各工場（配分単位）の全技術職社員の出勤係数の総和」によって算出される。出勤係数は暦日数から控除日数（欠勤，休職日数，出勤停止等）を引いた日数を暦日数で除した割合で

図表2-8◆業績給の算出手順

算出の手順	算出式
①配分単位別財源を算出する	配分単位別財源＝A財源＋B財源 A財源＝基本給支給額の総和×支給率 B財源＝額×各工場（配分単位）の全技術職社員の出勤係数の総和 ※出勤係数 ＝ $\dfrac{暦日数－控除日数}{暦日数}$
a) 達成率を求める	達成率 ＝ $\dfrac{当月1工当たり粗鋼生産性}{基準1工当たり粗鋼生産性}$ × 100 　　　　　(2.234) 基準1工当たり粗鋼生産性 ＝ $\dfrac{基準全社粗鋼トン数}{基準全社技術職社員延工数}$ 当月1工当たり粗鋼生産性 ＝ $\dfrac{当月全社実績粗鋼トン数}{当月全社技術職社員実績延工数}$
b) 支給率・額を換算する	上記達成率から「支給率・額表」をもとにして支給率・額を求める。
②個人に配分する	個人支給額 ＝ A財源 × $\dfrac{各人の（基本給支給額×成績点）}{各工場（配分単位）における全技術職社員の（基本給支給額×成績点）の総和}$ 　　　　　　　＋ B財源 × $\dfrac{各人の\dfrac{暦日数－控除日数}{暦日数}}{各工場（配分単位）における全技術職社員の出勤係数の総和}$ ※成績点は8～13点の間（平均10.5点）で，0.1刻みで評点される。

(出典) 新日本製鐵株式會社新日本製鐵労働組合総連合会(1973)『賃金関係協定集』pp.22-29をもとに作成。

ある。

　この方式のなかの「支給率」と「額」は達成率に応じて決められる[47]。達成率は基準1工（実働7時間）当たりの粗鋼生産性に対する，当月1工当たりの粗鋼生産性の割合で決まり，基準1工当たりの粗鋼生産性は基準全社粗鋼トン数を基準全社技術職社員延工数で除して算定される。つまり，「基準全社粗鋼トン数」は財源を算出する際の重要な基準となり，労使交渉によって決められた。

　次に，個人に配分される金額は，①各工場（配分単位）における全技術

職社員の「基本給支給額×成績点」の総和に占める個人の「基本給支給額×成績点」の割合をA財源に乗じた金額と，②各工場（配分単位）における全技術職社員の出勤係数（［暦日数－控除日数］／暦日数）の総和に占める個人の出勤係数をB財源に乗じた金額を合わせた金額である。成績点は各人の技能，勤怠，成績，責任，作業の難易度を勘案した評点で，その範囲は平均10.5点，最低8点，最高13点である。

3.2 主務職社員

主務職社員の基本賃金は「基本給」と「職能給」の2つからなり，基本給では技術職社員の基本給と同様に従来の枠組み（入社時初任基本給をベースに資格区分別定期昇給を積み上げていく枠組み）が引き継がれたものの，賃金制度改訂に伴い，①学歴別初任基本給の設定，②中途採用者に対する年齢別最低基本給制度の設定，③移行時における基本給の調整が行われた[48]。

職能給は「職能給A」と「職能給B」の2つからなり，職能給Aでは旧八幡製鐵の職能本給に相当する仕組み（資格区分別定額給）が引き継がれるとともに，各人の職能給Aは移行時前の格付け資格区分に対応する金額とするとの移行措置がとられた[49]。職能給Bは職能給Aと同じように旧八幡製鐵の職能加給に相当する仕組み（資格区分別範囲給）が引き継がれるとともに，合併に伴う賃金水準の調整が行われた[50]。

✤注

1　新日本製鉄八幡労働組合（1975）『八幡製鉄労働運動史　続編－中巻』p.307を参照。職務給導入の提案に先立つ1958年秋から，経営側は職務給制度導入の検討を開始していた。検討を進めていくなかで，次の5つの問題点が生じていた。第1は，技術革新その他の事情から新しく発生した職務が，事務職・

技術職・作業職等の大職分に明確に区分しにくく，大職分間の領域に混乱が生じていること，第2は，作業長制度の人事制度上の体系的位置づけが曖昧であること，第3は，技術革新による機械設備の近代化は，作業職社員の職務内容の変容（肉体労働から頭脳労働へ）をもたらし，作業職社員の労働力構成でも高校卒がその主体となってきたことから下層事務職との競合を招き，処遇面での統一的基準が必要になっていること，第4は，とくに作業職社員の職務内容の変容に伴って，経験年数に基づく職分序列と技能または職務の価値序列との間に乖離が生じていること，第5は，勤続年数と仕事の「量」を基準とする従来の賃金制度は，労働の「質」的変容と新しい技能序列に対応する処遇制度として，すでに機能しなくなっていることであった。これら問題点を解決するため，八幡製鐵は1959年8月に，第1に，従来から運用していた職務概念に近い「方」をもとにして，労働過程を組織化・標準化し，客観的な「職務労働」に再構築してその遂行要件を明確にすること，第2に，その職務遂行のための必要職位数（定員数）を科学的に算定することを柱とする職位管理の強化を行い，職務給の導入に向けた労働組合との交渉に臨んだ（社史編さん委員会〔1981a〕『炎とともに　八幡製鐵株式會社史』新日本製鐵株式會社，pp.651-652）。

2　日本賃金資料センター（1965）「八幡製鉄の職務給制度」『賃金調査資料』Vol.2，No.55。

3　1962年における春闘に対する労働組合の取り組みは，新日本製鉄八幡労働組合（1975）『八幡製鉄労働運動史　続編－中巻』pp.284-327を参照のこと。

4　田中安郎（1962a）「八幡製鉄で提言された職務給制度の全容」『賃金通信』Vol.15，No.12，財団法人労働法令協会。

5　孫田良平編著（1970）『年功賃金の歩みと未来』産業労働調査所，pp.415-416。

6　ただし，組長については「分類法」が利用された。その理由は，伍長以下が従事する「直接作業」と異なり，通常の業務が作業工程の調整，促進をはじめとして伍長以下の部下に対する監督指導といった「統轄的な業務」が中心であるため，点数法によって職務評価をすることが難しいからである。そのため，組長については基礎知識，習熟，責任，判断の4要素による分類法によって職務評価が行われた（田中安郎〔1962c〕「八幡製鉄の職務給について」『鉄鋼労務通信』No.802，日本鉄鋼連盟）。

7　八幡製鉄労働組合企画調査部（1963）『協約・協定書集』p.75。

8　八幡製鐵労働組合（1952）『熱風』第511号，第524号，および新日本製鉄八幡労働組合（1975）『八幡製鉄労働運動史　続編－中巻』，p.315およびp.364。暦補正の廃止により，日数は「30.5日分」に統一された。この他にも，職分制度導入に伴う賃金制度改訂以降，引き続き制度上の部分的な見直しが繰り

第2章　年功賃金と能力主義賃金の並立期（高度成長期）　　77

返し行われてきた。主な改訂は1957年10月と1960年4月で，生産設備の合理化，生産方法，作業技術の革新に伴う財源算出方法の見直しが行われた。具体的には，1957年10月では総財源の算定式の見直し，1960年4月では，配分財源における，甲財源の10％をもとに基本給に連動した「丙財源」の新設である（孫田良平編著〔1970〕『年功賃金の歩みと未来』産業労働調査所, pp.413-414，および新日本製鉄八幡労働組合〔1970〕『八幡製鐵労働運動史続編－上巻』p.434およびp.995)。

9　八幡製鉄労働組合企画調査部（1963）『協約・協定書集』組合資料, pp.79-80。

10　その割合は1％ごとに算定され，その金額は1963年では1,368,730円としていた（八幡製鉄労働組合企画調査部〔1963〕『協約・協定書集』組合資料, p.80)。

11　鉄鋼労連・八幡製鉄労働組合（1967a）『第43回臨時大会議案書』p.37。

12　鉄鋼労連・八幡製鉄労働組合（1967a）『第43回臨時大会議案書』p.31およびp.37。

13　労務行政研究所（1967a）「八幡製鉄の新人事給与制度－代表5社にみる新しい人事・賃金制度－」『労政時報』第1909号。この他に基本給については，①技術職等と主務職等の基本給管理の一元化，②初任給における年齢別初任給から職掌別学歴別初任給への変更，③昇給日時の変更等が，職務給については職務級表の改訂がそれぞれ行われた（田口和雄〔2004a〕「新日本製鐵にみる賃金制度の戦後史」『機械経済研究』No.35)。

14　八幡製鉄労働組合調査室（1970）『調査月報』32号, pp.52-53。

15　その詳細は，鉄鋼労連・八幡製鉄労働組合（1967d）『新・能率給，人事制度〔解説版〕』pp.24-25を参照のこと。

16　元鉄鋼労連常任顧問である千葉利雄氏とのインタビュー（1998年2月16日）による。

17　これまでの作業職社員と一部の事務職等社員は日給制であったが，これをすべて月給制に統一した。これにより月々の歴日数変動による生活設計への影響を解消するとともに，この社員区分を廃止した。その月給制への変更方法については，「基本日給×30.5倍」によって算出した（八幡製鐵所所史編さん委員会〔1980c〕『八幡製鐵所八十年史　部門史・下巻』新日本製鐵株式會社八幡製鐵所, p.442)。

18　具体的には，技術補職および担当補職の高校卒初任基本給と担当職（旧事務職・旧技術職），技術職（旧作業職）の高校卒初任基本給であった。

19　労務行政研究所（1967a）「八幡製鉄の新人事給与制度－代表5社にみる新しい人事・賃金制度－」『労政時報』第1909号。

20　八幡製鉄労働組合調査室（1969）『賃金ノート　1968～1969』p.3。

21 業績手当を残した理由について，元鉄鋼労連常任顧問，千葉利雄氏は「第1に，従業員にとって鉄鋼の生産性の増加に応じて一番スムーズに支給財源が増えていく業績手当を労働者が非常に期待していたため，その素朴な期待を無碍(むげ)にしてはいけないこと，第2に，「基本給×成績点（6～12点）」で個人配分を決める個別管理を残したいという会社側の明確なニーズがあったこと」の2点を指摘している（1998年2月16日インタビューより）。
22 八幡製鐵労働組合（1967）『中委ニュース号外』No.21およびNo.26。財源算出方式の部分的な見直しについては，第1に，総財源の構成がこれまでの「基準財源＋加減財源＋附加財源」から「基準財源＋付加財源」となり，各財源の算定方法が見直されたこと，第2に，配分単位別財源の算定方法がこれまでの「生産量達成率」から「基本給支給額総額リンク方式」に見直されたことである。その詳細は，八幡製鐵労働組合（1967）『中委ニュース号外』No.26，および鉄鋼労連・八幡製鐵労働組合（1967e）『八幡製鉄・八幡化学賃金協定書』pp.25-27を参照のこと。
23 社史編さん委員会（1981a）『炎とともに 八幡製鐵株式會社史』新日本製鐵株式會社，p.654，および宮部尭（1967）「八幡製鉄の新能率給制度の全容」『賃金通信』Vol.20, No.16。
24 サービス部門の算出方法については，宮部尭（1967）「八幡製鉄の新能率給制度の全容」『賃金通信』Vol.20, No.16を参照のこと。
25 鉄鋼労連・八幡製鉄労働組合（1967d）『新・能率給，人事制度〔解説版〕』p.1。
26 八幡製鐵労働組合（1967）『中委ニュース号外』No.26，および鼎哲郎（1967）「八幡製鉄の新人事給与制度」『賃金通信』Vol.20, No.1。
27 労務行政研究所（1967a）「八幡製鉄の新人事給与制度－代表5社にみる新しい人事・賃金制度－」『労政時報』第1909号。
28 査定の結果「標準もしくは標準を越える者」には1号俸の改定が，「それ以外の者」には0.5号俸の改定がそれぞれ行われた。0.5号俸の改定の場合，同一号俸のA表からB表への改定，あるいはB号俸から1号俸上位のA号俸への改定が行われた。ただし，能力の伸びが認められない者や成績の劣る者の昇給は行われない場合があった（八幡製鉄労働組合調査室（1969）『賃金ノート1968～1969』pp.8-9）。
29 労務行政研究所（1967a）「八幡製鉄の新人事給与制度－代表5社にみる新しい人事・賃金制度」『労政時報』第1909号。
30 新日本製鐵誕生の詳細については，社史編さん委員会（1981c）『炎とともに 新日本製鐵株式會社十年史』新日本製鐵株式會社，「第2部 新日鐵の誕生」を参照のこと。さらには元鉄鋼労連常任顧問である千葉利雄氏とのインタビュー（1998年2月16日）による。

第2章　年功賃金と能力主義賃金の並立期（高度成長期）　　79

31　労務行政研究所（1971）「新日本製鐵の新人事・給与制度－能力主義をめざす最近の人事管理制度例」『労政時報』第2085号。
32　新日本製鐵労働組合連合会（1982）『新日鐵労働運動史Ⅰ』p.366。
33　労使検討委員会における労使双方の取り組みは，新日本製鐵労働組合連合会（1982）『新日鐵労働運動史Ⅰ』pp.370-389を参照のこと。また，能率給の統一については，新しい業績給への移行措置として，工場間の財源配分の適正化を図るための財源調整が行われた。その理由は，旧能率給が工場ごとに細分化された能率測定単位で達成率を求めていたため，能率測定単位間で達成率にかなりバラツキが見られたことにある。この財源調整は工場間の格差が解消された後，廃止された（新日本製鐵八幡労働組合（1975）『賃金ノート1974.7～1975.6』p.13）。また，旧業績手当は能率給に統合された。
34　八幡製鉄労働組合調査室（1970）『調査月報』32号，p.27。
35　医療関係業務従事者は，保安員および秘書関係乗用車運転手と併せて「特別職」としていたが，新人事制度では「医務職」とした。医療関係業務従事者は，一般業務とは異なり，①極めて専門性の強い職務に従事していること，②配置管理その他人事管理上も1つにまとまった区分であること，③処遇面でも世間水準との関係をとくに考慮しなければならないこと，等の事情によるものであった。また，保安員および秘書関係乗用車運転手は，従来では「特別職」としていたが，医療関係業務従事者と比べ，その特殊性はそれほど強くないので「主務職」とした（労務行政研究所〔1971〕「新日本製鉄の新人事・給与制度－能力主義をめざす最近の人事管理制度例」『労政時報』第2085号）。
36　労務行政研究所（1971）「新日本製鉄の新人事・給与制度－能力主義をめざす最近の人事管理制度例」『労政時報』第2085号。
37　その他職務については，職務基準によって職務の評価が行われる。その詳細は，八幡製鉄労働組合調査室（1970）『調査月報』32号，p.28を参照のこと。
38　労務行政研究所（1971）「新日本製鉄の新人事・給与制度－能力主義をめざす最近の人事管理制度例」『労政時報』第2085号。
39　詳細は八幡製鉄労働組合調査室（1970）『調査月報』32号，pp.33-35を参照のこと。
40　労務行政研究所（1971）「新日本製鉄の新人事・給与制度－能力主義をめざす最近の人事管理制度例」『労政時報』第2085号。
41　新日本製鐵労働組合連合会（1982）『新日鐵労働運動史Ⅰ』p.368。なお，年齢別基本給制度の詳細については，八幡製鉄労働組合調査室（1970）『調査月報』32号，pp.44-46およびpp.59-60を参照のこと。
42　八幡製鉄労働組合調査室（1970）『調査月報』32号，p.9。
43　新日本製鐵労働組合連合会（1982）『新日鐵労働運動史Ⅰ』pp.373-377。こ

の点について，元鉄鋼労連常任顧問，千葉利雄氏は「(職務給は) 職務が上位に上がらない限り賃率は変わらない。熟練度，責任度，精神的負荷など仕事の価値が高いところにつけば賃金が上がる。いかにもアメリカ的な賃金システムである。しかしこれではなかなか同じ職務についても，同じ職級についている人でも，個人によって努力の度合いやアウトプットが違ってくる。個人的・属人的な努力とか，仕事のレベルが同じ仕事のなかにあり，労働の内容が高度になればなるほど，それらが非常に重要性を増してくる。それをもう少し正当に評価しないと励みがないし，悪平等になる。そういう発想である。そこで，職務給の枠組みの中でインセンティブを属人的な能力に応じた技能伸長度をインセンティブにつけていきたい。そういうニーズが会社側にあった」ことを指摘している（1998年2月16日インタビューより）。

44　新日本製鉄労働部（1973）「新日鉄における給与制度の全容」『賃金通信』Vol.26, No.26, および新日本製鐵八幡労働組合（1975）『賃金ノート　1974.7～1975.6』p.10。

45　支給率は職務給月額総額が増減したとき，または一般還元の財源（全社技術職社員の合理化が行われたときに支給される財源）が投入されたときに改訂され，その時期は原則として「毎年4月1日および10月1日付け」とされた。

46　新日本製鉄八幡労働組合（1978）『八幡製鉄労働運動史　続編－下巻』pp.238-239。

47　詳細は新日本製鐵株式會社新日本製鉄労働組合総連合会（1973）『賃金関係協定集』pp.22-29を参照のこと。

48　八幡製鉄労働組合調査室（1970）『調査月報』32号，p.9。

49　八幡製鉄労働組合調査室（1970）『調査月報』32号，p.39。

50　八幡製鉄労働組合調査室（1970）『調査月報』32号，p.39。

第3章
能力主義賃金への段階的移行促進期
（安定成長期からバブル経済期）

第1節　定年延長に伴う人事・賃金制度改訂
　　　　（1981年〜1982年）

1．制度改訂の概要

　1970年代のオイルショックを契機として，日本経済は高度成長から安定成長へと大きく転換し，鉄鋼業においても安定成長を踏まえた経営体質の改善と生産性の向上が強く要請された。さらに，60歳定年制導入に伴う労務構成の高齢化，雇用の硬直化によるポスト不足の増大，人件費負担の増加などが企業経営の大きな課題となっていた[1]。1981年改訂は能力主義の強化を目指して，①総人件費の増大の抑制，②経営効率と職場活力の保持，③年功序列的管理の修正，の３つを主たる目的としていた[2]。さらに1982年には，組織編成の見直しに伴う管理階層の短縮等を目的とした人事制度改訂が行われた[3]。

　こうした人事・賃金制度の改訂への取り組みは，1973年の団体交渉において労働組合側が経営側に定年延長を提案したことからはじまった[4]。従業員の高齢化に危機感を抱いていた労働組合は，改訂交渉の主導権をもって取り組んだ[5]。調査研究委員会の設置，そこでの定年延長を取り巻く社会的・経済的・経営的問題に関する調査研究，その結果を踏まえた「定年延長に関する労使検討委員会」の開催[6]など，約１年６ヶ月間にわたる手続きを踏まえて，労使は1975年の団体交渉で，定年延長とそれに伴う諸制度の改訂に関する協約締結に向けた交渉を開催する予定であった。しかし，第１次オイルショックによる影響で経営基盤が弱体化したとの理由から，定年延長に関する議論が見送られることになった。

議論が再開されたのは4年後の1979年の団体交渉であり,「2－1－1－1」方式[7]による定年延長の段階的実施が基本合意された[8]。この基本合意を踏まえて1980年3月に「定年延長に伴う制度検討委員会」が設置され,議論が行われた[9]。経営側は委員会における労働組合側の意見・主張を踏まえて,同年10月からの団体交渉で60歳定年制に伴う賃金制度改訂,ならびに役職・配置等の取り扱いに関する提案を労働組合に行い,1981年3月20日に労使間で協約が締結された[10]。

2．人事制度の概要

今回の人事制度改訂は,定年延長に対応して60歳までの一貫した人事管理を整備することを目的としている。まず,1981年に人事制度が,①資格中心の処遇とすること,②ポスト不足による処遇に対する不満の吸収を図ること,③能力を資格の格付基準とし,管理職ポストの適正化,成果・能力中心の管理職登用を促進していくことを主たるねらいとして図表3－1のように改訂された[11]。さらに,1982年の管理職を対象とした人事制度改訂では,組織編成の見直しに伴う管理職層の圧縮等が行われた。これら二度の改訂を整理すると,次のとおりである。

第1は,管理職層に対応する副参事以上の資格区分を,能力を反映する新資格区分（理事,理事補,参事,参事補）に改め,処遇は資格を中心に行うとしたことである。さらに,一義的であった役職区分と資格区分の対応関係を新しい資格制度では緩やかにして,役職は変わらなくても相当の能力と成果の向上が認められれば資格昇格を可能にした。

第2は,管理職制度の見直しである。管理職制度は掛長以上の管理職層を職務層区分と職位類型によって管理する制度である。図表3－2は職務層区分と職位類型の対応関係を整理したものである。職位類型は「組織

図表3-1◆人事制度の概要

	【職務層区分】		【資格区分】	【系列区分】		
管理職層	部　　長		理　　事			
	室　　長 (次長・工場長・部長代理)		理事補			
			参　　事			
	掛　　長		参事補			
一般職層	作業長	C分類職務	統括主事	技術職社員	主務職社員	医務職社員
	工　長	B分類職務	主　　事			
	一　般	A分類職務	主担当			
			担　　当			
			担当補			
	生産関連職務	その他職務				

(出典) 松本誠夫 (1981)「新日本製鐵の定年延長に伴う人事管理諸制度の改正－主務・医務職社員の諸制度を中心にして－」『賃金実務』No.441を一部修正。

図表3-2◆職位類型および職位名称

職位類型 職務層	組織単位長	業務相当職位	補佐職位	専門スタッフ職位	特別スタッフ職位
部長職務層	○○部長	担当部長	―――	専門部長	審議役
室長職務層	○○室長	部長代理	次　長		審議役補
	○○工場長				調査役
掛長職務層	○○掛長	掛　　長			調査役補

(注1) 網掛けの部分が，今回の改訂で新たに設置，見直された主な部分である。
(注2) 組織単位長の「○○」は組織単位の名称が入る。
(出典) 松本誠夫 (1981)「新日本製鐵の定年延長に伴う人事管理諸制度の改正－主務・医務職社員の諸制度を中心にして－」『賃金実務』No.441を一部修正。

単位長」，スタッフ・プロジェクト対応職位としての「業務担当職位」と「組織単位長の補佐職位」，高度な専門能力を持つ部長職務層に対応する「専門スタッフ職位」，55歳以上の役職離脱者が配置される「特別スタッフ職位」から構成され，それぞれの類型は職務層区分に対応した職位名称がつけられた。具体的には，組織単位長には「部長」「室長（工場長）」「掛

長」が,業務担当職位には「担当部長」「部長代理」「掛長」が,補佐職位には室長職務層に対応する「次長」が,専門スタッフ職位には「専門部長」が,さらに特別スタッフ職位には「審議役」「審議役補」「調査役」「調査役補」がそれぞれ設定されている。

こうした新制度と旧制度との主要な違いを整理すると,次の4点である[12]。

第1は,「室」制度の導入と管理職層数の削減である。組織編成の再構築を図り,業務を効率的に遂行するため,職務層区分の管理職層に「室」制を導入して,部長の直下の業務執行単位を「課」制から「室」制に移行するとともに,「副部長」制を廃止して,管理職層をこれまでの4階層(部長職務層－副部長職務層－課長職務層－掛長職務層)から3階層(部長職務層－室長職務層－掛長職務層)にした。

第2は,「次長制」の設置である。「副部長」制の廃止に伴い,部長を補佐する職位として「次長」制を新たに設置した。

第3は,室長職務層における複数職位の設置である。管理職の能力の有効活用と業務運営の弾力化を図るために,たとえば室長職務層内を「室長－部長代理」として,同一職務層内でも指揮命令関係があるものとした。

第4は,業務相当職位の設置である。新規事業,大規模プロジェクトなど必要に応じて設置される組織編成に対応した職位階層として,業務担当職位を新たに設置した。

3．賃金制度の概要

3.1 制度改訂の概要

賃金制度の改訂は,定年延長に伴う人件費増大の抑制と能力主義的要素を強めることをねらいとしており,その主な改訂点は次の3点である[13]。

第1は，年功的給与である基本給は旧制度を維持するものの，技能習熟の実態等を踏まえて必要な改訂を行うことである。第2は，職務的賃金（職務給と職務加給）と職能給は，職務を通じて発揮される能力・成果をより的確に反映しうる給与として整備を行うことである。第3は，業績給は能率をより有効に反映するために機能の充実を図るとともに，年功的配分の是正を行うことである。

3.2　技術職社員
3.2.1　基本給

年功的給与である基本給は，従来の仕組みである初任基本給に資格区分別昇給を積み上げていく枠組みが維持されたものの，定年延長による高齢者層の増加に伴う人件費の拡大を抑制し，能力・成果による昇給格差を広げるために，50歳以上を対象に次の改訂が行われた。すなわち，①昇給部分を基礎昇給部分と考課昇給部分にわけ，②基礎昇給は行わず，資格区分別の平均昇給額の30％を昇給額とする考課昇給のみとする[14]。

3.2.2　職務給と職務加給

職務的賃金（職務給と職務加給）は，職務を通じて発揮される能力・成果をより的確に反映しうる給与とする方向で整備が行われた。具体的には，職務給では経過年数による自動昇給を是正し職務価値に応じた処遇に純化するため，従来の職級内3賃率が上限賃率に統一され，号俸制が廃止された[15]。その結果，個人には「単価×職級別職務点」による金額が支給されるようになった。

職務加給については，職務給を補完する機能を強化し，個人の成果を明確に処遇に反映させるために，次の改訂が行われた[16]。第1は，財源算出方法の改訂である。財源の算出を配分単位別職務層区分別の［職務給月額

総額×加給支給率＋定額］とし，「定額」部分は旧業績給のB財源をもって新設した。定額部分の財源は配分単位別の職務加給定額に配分単位別人員を乗じて算出された。また，配分単位をこれまでの「掛」から「工場（課）または掛」へと改訂し，職務層区分別は「工長」と「一般」としている[17]。

第2は，個人配分の算出方法の改訂と加給係数の上・下限の拡大である。各人の職務加給月額を［職務層区分別平均職務加給金額×加給係数］とし，加給係数の上限，下限をそれぞれ1.50，0.50（旧1.45，0.55）に改めた。また，個人配分は，個人の成果に基づく加給係数を平均財源に乗じて支給する方式に改訂された。

第3は，旧業績給B財源の職務加給への投入および職務加給比率の拡大である。上記定額部分新設のため旧業績給B財源を職務加給に投入して，職務的賃金（職務給と職務加給）における職務加給比率を従来の20％から25％程度に高めた。その結果，職務的賃金においても，職務遂行度と成績をより強く反映させることが可能になった。

3.2.3 業績給

業績給は年功的配分の是正を行うため，次の改訂が行われた[18]。

第1は，減産に伴う最低保障措置の廃止である。これまで不況時に大きく達成率が低下した場合の特別措置として達成率を108.7ポイントまで保障していたのを，今回の改訂を機に廃止した。

第2は，個人配分基礎給を基本給から段階的に職務的賃金（職務給と職務加給）に改め，初年度は財源の割合を基本給80％，職務的賃金20％としたことである[19]。個人には「基本給×支給率Ⅰ（対基本給支給率）×成績点＋職務的賃金支給額（職務給＋職務加給）×支給率Ⅱ（対職務的賃金支給率）」によって算出された金額が支給された。成績点は最低8点，最高

図表3-3 ◆業績給算出の手順（1981年度）

算出の手順	算出式
①配分単位別財源を算出する	配分単位別財源＝基本給比配分財源×0.8＋職務的賃金比配分財源×0.2 基本給比配分財源＝基本給支給額の総和×当月適用支給率Ⅰ ※当月適用支給率Ⅰ＝支給率Ⅰ×支給率係数 職務的賃金比配分財源＝職務的賃金支給率の総和×支給率Ⅱ
a) 達成率を求める	達成率 ＝ $\dfrac{\text{当月1工当たり粗鋼生産性}}{\text{基準1工当たり粗鋼生産性}}$ × 100 　　　　　　　　(2.435) 基準1工当たり粗鋼生産性 ＝ $\dfrac{\text{基準全社粗鋼トン数}}{\text{基準全社技術職社員延工数}}$ 当月1工当たり粗鋼生産性 ＝ $\dfrac{\text{当月全社実績粗鋼トン数}}{\text{当月全社技術職社員実績延工数}}$
b) 支給率を換算する	上記達成率から「支給率・額表」にもとにして支給率・額を求める。
②個人ごとに配分する	個人支給額 ＝ 基本給比配分財源 × $\dfrac{\text{各人の（支給率Ⅰ×成績点）}}{\text{上記の総和}}$ 　　　　　　＋各人の職務的賃金支給額×支給率Ⅱ

（出典）鷲尾悦也（1980）「新日鉄の定年延長に伴う新人事・処遇制度」『労政時報』第2533号を一部修正。

13点の範囲で0.1刻みに設定され，各人の技能，勤怠，成績，作業の難易度等を勘案して評点された。

業績給の算出手順については，図表3-3に示すように，財源の配分単位は「作業所」あるいは「室」とした。配分単位ごとの適用支給率は「(全社運用) 支給率Ⅰ×支給率係数」で算定された。支給率係数は従来の調整係数に相当するもので，配分単位の当月適用支給率Ⅰを求めるときに使われた。支給率Ⅰ，Ⅱは当月の粗鋼生産性をもとにした達成率によって算出された[20]。

3.2 主務職社員

主務職社員の基本賃金は「基本給」と「職能給」からなり，基本給につ

いては技術職社員と同様に従来の仕組みを維持しつつ，50歳以上について能力・成果による昇給格差を広げるため，旧資格区分別の平均昇給額における考課部分の30％を昇給額とする改訂が行われた[21]。

職能給については，職能給Aが従来の「資格区分別定額給」から「資格区分別評価給」に改訂されると同時に，職能給Bの20％が職能給Aの原資に繰り入れられた。その結果，個人には「資格区分別基準額×評価係数（上限1.2，下限0.8）」によって算出された金額が支給される。評価係数は人事考課によって毎年，基本給昇給時に更改される。なお，上位資格区分への昇給は資格昇格時に行われる。

さらに，職能給Bは従来の積み上げ型の資格区分別範囲給の形態を引き継いでいるものの，原資の20％が職能給Aに繰り入れられた。なお，資格ごとに上限額と下限額が決められており，この範囲内で評価により個人の金額が決定される[22]。

第2節　能力重視型賃金を目指した賃金制度改訂（1987年～1988年）

1．制度改訂の概要

日本経済の低成長に伴う鉄鋼需要の減退，円高の進行等による国際競争力の低下，労働力構成の高齢化が進むとともに，技術革新や事業の多角化に伴って変化する職務内容に処遇が対応していないなど，新日鐵を取り巻く環境は変化していた。とりわけ，1986年のプラザ合意以降の第1次円高危機による国際競争力の急激な低下，さらに，日本から最先端の技術を学

び，大規模な設備投資によって国際競争力を強化した韓国・台湾を中心とする新興鉄鋼業国の執拗な追い上げは，日本の鉄鋼業に危機感を抱かせた[23]。

こうした状況のもとで，新日鐵は円高に対応するコスト競争力の維持・回復を至上命題とし，増加する総人件費の大幅な削減を行うとともに，設備の高度化・近代化の進展に伴う職場環境の変化，事業分野の多様化の下で，個々人の業務成果を処遇に反映させるために，1987年4月に管理職の給与制度改訂を，さらに1988年4月に技術職・主務職社員の賃金制度改訂を実施した。

この技術職・主務職社員の賃金制度改訂は，1987年2月中旬の春闘交渉時に，経営側が労働組合側に提案したのがはじまりであった。労働組合は経営を取り巻く環境変化と賃金制度改訂の必要性を認識していたため，経営側の提案を拒否せず話し合いに臨んだ。以後，労使調査・研究委員会，労使制度検討委員会，そして団体交渉を経て制度改訂が実施された[24]。労使制度検討委員会を例に話し合いの内容を概観すると，同委員会は1987年9月から12月にかけて開催され，制度改訂の実施を前提とした4回にわたる意見交換・交渉が行われた。新日鐵を取り巻く環境変化による賃金制度改訂の必要性は，労使双方とも認識していたことから，新制度の設計に向けた基本的な枠組みに関する話し合いが行われた。検討された項目は，①賃金制度改訂と労務費負担軽減との関係，②人事・賃金制度における60歳定年までの一貫管理維持の可否，③能力・成果，生計費，世間水準との関係を踏まえた基本賃金カーブとその実現方法，④基本賃金に占める年功給と仕事給の比率，⑤職務給における公平かつ的確な職務価値，能力・成果の反映，⑥賞与・退職手当制度改訂の範囲・程度，⑦円滑な制度移行方法（別途財源投入の可否）等であった。

労使調査・研究委員会，労使制度検討委員会での労働組合側の主張を踏

第3章 能力主義賃金への段階的移行促進期（安定成長期からバブル経済期） 91

まえて，経営側は1987年12月1日に賃金制度改訂案を労働組合に提示し，8回にわたる団体交渉を経て，翌1988年3月2日に協約が締結された[25]。

2．賃金制度の概要

2.1 技術職社員
2.1.1 基本給

　図表3-4は賃金制度改訂の全体像を整理したものである。改訂された基本給は「基本給本給」と「基本給加給」からなり，基本給本給は能力・成果に応じた賃金で，個人には初任基本給本給に毎年実施される資格区分ごとの考課昇給を積み重ねた金額が支給される。昇給額の考課幅は昇給基準額の±100％である。ただし，資格区分ごとに上限額が設定され，上限に達した場合には昇給は行われない。他方の基本給加給は世代別の生計費

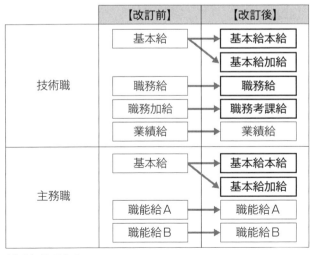

図表3-4◆賃金制度改訂の概要

（出典）筆者作成。

を反映した年齢別定額給で，従来の基本給昇給金額の40％に相当する額を支給財源としている。

こうした新基本給と旧基本給の主要な違いを整理すると，次の2つである[26]。

第1は，仕組みの見直しである。これまでの初任基本給と毎年施される資格区分ごとの考課昇給の積み上げ方式を，生計費傾向を反映した生活給的な「基礎部分」と，毎年の定期昇給の積み上げを通じて個々人の能力・成果を長期的に反映させる「考課昇給による累積給部分」とに区分し，前者を「基本給加給」，後者を「基本給本給」としたことである。従業員処遇における意義を保持しつつ，極力人件費負担増を抑え，従業員相互間の処遇バランスをとった制度を構築することが，そのねらいである。

第2は，基本給に占める考課給比率の拡大である。年功的要素を持つ基本給においてもさらに，能力・成果に応じた処遇を強めるため，基本給に占める考課給比率を従来の「30％」から「60％」に拡大した。

2.1.2 職務給

職務給については，技術革新の進展，作業環境の改善等による職務内容の変化や多様化，そして職務領域の拡大への人員の弾力的配置等を可能とするために，次の改訂が行われた[27]。

第1は，「職務評価単位の見直し」と「役割区分の新設」である。前者については，これまでの「方」から「工数」に変更された。この工数は，従業員が従事する職場内の仕事（職務）を大ぐくり化したものである。職務の大ぐくり化は，技術革新の進展や作業環境の改善等による職務内容の変化や職務領域の拡大により，従来の「方」に応じた処遇が困難になったことがその背景にあった。この職務の大ぐくり化により，職務評価単位数は従来の約8,700から約1,600へと大幅に減少した。図表3-5は，職務評価

単位の変更内容を示したものである。これまでは、各系列の役割ごとに分かれていた「方」と呼ばれる職務（たとえば、図表のなかの「No.1転炉の工長」）を評価単位としていたが、改訂後は「転炉職場全体」、すなわち「工数」が評価単位となる[28]。後者の「役割区分の新設」は職務評価単位（工数）内における業務遂行上の役割の違いを処遇に反映するために設定された区分で、「工長」、工長を補佐する「統括」そして「一般」の3区分から構成される。

職務給の中心的な役割を果たす職務区分は、整備・メンテナンス部門の技能職務を除く旧職務区分（22～10職級の13区分）に代わり、職務評価により新たに設定された区分で、A～Gの7区分から構成される[29]。

第2は、個人配分の改訂である。第1の「職務評価単位の見直し」と

図表3-5◆職務概念の変更イメージ

	工場・段取・一般A・一般B （旧職務概念）	工長・統括・一般 （新職務概念）
工長系列内	工長／段取／一般A／一般B	工長／統括／一般
工長系列間	No.1転炉：工長 1×4／段取 1×4／一般A 1×4／一般B 1×4　　No.2転炉：工長 1×4／段取 1×4／一般A 1×4／一般B 1×4	工長 1×4／統括 1×4／一般 2×4　　工長 1×4／統括 1×4／一般 2×4　　「転炉」職務
職務数	2工長系列・8職務	2工長系列・1職務

□ は新職務　　┄┄ は新役割区分

（出典）石塚拓郎（1988）「鉄鋼大手の賃金制度改訂－その背景と取組み経緯」『賃金実務』No.593。

「役割区分の新設」に連動して，それまでの職級別定額給に代わり，職務と役割に応じて賃金を決める「役割別職務別定額給」に見直された。個人には年齢や勤続年数にかかわらず「単価×役割区分別職務区分別職務点」による金額が支給される。

第3は，職務評価方法の見直しである。総合的で簡潔な職務評価を用いて，職務内容の変化，職務領域の拡大等に柔軟かつ迅速に対応するため，従来の6つの評価要素からなる「点数法」から，職務遂行上の「難易度」と職務遂行に伴う「職務負担度」の2つの評価要素からなる「比較分類法」に変更された[30]。

以上の改訂によって，日常的な異動が職場で行われている実態と，職務内容の変化や多様化，職務領域の拡大等に公平な処遇ができるようになるとともに，今後拡大していく新規事業の展開等の事業の多角化に伴う出向の拡大，多能工化等にも対応できるようになった。

2.1.3 職務考課給

職務考課給（旧職務加給）については，能力・成果を処遇により反映させるために，次の改訂が行われた[31]。

第1は，職務考課給比率の拡大である。職務的賃金（職務給と職務考課給）に占める職務考課給の割合をこれまでの「30％」から「40％」に高め，職務給と職務考課給の比率を従来の「3対1」から「3対2」に変更した。

第2は，配分単位別財源における「職務考課給定額」比率の拡大である。配分単位別財源における職務考課給定額が占める割合を，これまでの「10％」から「30％」に高めた。

第3は，財源配分単位の拡大である。財源配分単位を原則として，これまでの「工場・室または掛」から「室・工場」に拡大し，必要に応じて配分単位間で財源の融通を行うことを可能とした。

第3章　能力主義賃金への段階的移行促進期（安定成長期からバブル経済期）　95

第4は，考課基準の整備である。「遂行・成果」「多能工化度合」「新技術・作業改善等への対応力」「管理業務の遂行・成果」「執務態度・意欲」「指導・統率力（工長のみ）」の6つの重点考課要素を設定するとともに，職務考課給係数の更改基準を整備した[32]。

2.1.4　業績給

全社の粗鋼生産性の達成率に応じて決まる業績給については，今回の改訂に先立ち，1987年4月の賃金に関する協定等の一部見直しのなかで次のように改訂された[33]。

第1は，基準生産性の見直しであり，基準1工当たりの粗鋼生産性が「1986年10月から1987年3月までの実績」に基づいて設定された。

第2は，工数算定方法の改訂である。これまでの延工数は「技術職社員」の延工数であったが，それに「出向・派遣労働者等を含む技術職社員」と「本社作業に従事する臨時員等」の延工数を加えたものを新しい延

図表3-6◆業績給算出の手順

算出の手順	算式
①配分単位別財源を算出する	配分単位別財源＝職務的給与支給額の総和×支給率
a) 達成率を求める	達成率 ＝ $\dfrac{当月1工当たり粗鋼生産性}{基準1工当たり粗鋼生産性(2.291)} \times 100$ 基準1工当たり粗鋼生産性 ＝ $\dfrac{基準全社粗鋼トン数}{基準全社技術職社員延工数}$ 当月1工当たり粗鋼生産性 ＝ $\dfrac{当月全社実績粗鋼トン数}{当月全社技術職社員実績延工数}$
b) 支給率を換算する	上記達成率から「支給率表」をもとにして各支給率を求める。
②個人ごとに配分する	個人支給額＝各人の職務的給与（職務給＋職務考課給）支給額×支給率

（出典）新日本製鐵八幡労働組合（1988）『賃金ノート　1988年度版』pp.19-21より作成。

工数とした。なお，改訂後の基準財源（達成率100に対する財源）は，旧基準財源と同じとした。

個人には，「職務的賃金支給額（職務給＋職務考課給）×支給率」によって算出された金額が支給される。支給率は当月の粗鋼生産性をもとに算出される達成率を業績支給率表に当てはめて計算される。達成率は図表3-6にあるように，「基準1工（実働7時間）当たり粗鋼生産性」に対する「当月1工当たり粗鋼生産性」の割合である。基準1工当たり粗鋼生産性は，基準全社粗鋼トン数を基準全社技術職社員延工数で除した値であり，基準全社粗鋼トン数は労使交渉によって決められる。

2.2 主務職社員（1988年）

基本給については技術職社員と同様の改訂が行われる一方で，職能給についても能力・成果に応じた公平な処遇を行うため，従来の枠組みを維持しつつ，基本給の一部財源を職能給Aに移行する等の改訂が行われた[34]。

❖注

1　鷲尾悦也（1980）「新日鉄の定年延長に伴う新人事・処遇制度」『労政時報』第2533号，および元鉄鋼労連常任顧問である千葉利雄氏とのインタビュー（1998年2月16日）による。
2　労務行政研究所（1982）「新日本製鉄　資格中心の処遇体系を確立したホワイトカラーの人事制度」『労政時報』第2617号。
3　米沢敏夫（1983）「新日鉄の組織人事制度改正の狙いと内容」『賃金実務』No.476を参照。
4　新日鐵における定年延長の要求は，合併以前の1962年の春闘において，当時の富士労連が独自に行ったのがはじまりであった。この要求は55歳の定年年齢を56歳とするものであったが，当時としては，定年延長の糸口をつかむことがそのねらいであった。この要求に対する経営側の対応は冷たく，定年延長をめぐる具体的な交渉はみられなかった。一方，旧八幡労組も1964年の

第3章　能力主義賃金への段階的移行促進期（安定成長期からバブル経済期）　　97

　　協約改訂交渉時に「近い将来定年延長要求を行う」との意見を経営側に表明した。しかしながら，経営側は労務コストへの影響，昇進の停滞などを理由に，現段階では定年延長を実施する考えがないことを表明した（新日本製鐵労働組合連合会〔1982〕『新日鐵労働運動史Ⅰ』pp.939-940）。
5　元鉄鋼労連常任顧問である千葉利雄氏は，当時の状況を次のように説明している。「今回の改訂は，徹頭徹尾，労働組合側が押し続けた改訂である。（中略）。本格的な高齢化時代が到来した中で，60歳までの一貫した人事・賃金制度による定年延長を主張した。この目標を達成するために「ギブ＆テイク論」によって多少の犠牲を払う覚悟で交渉に臨んだ。」（1998年2月16日のインタビュー）。
6　検討された項目は，①人事制度，②賃金制度，③役職制度，④配置管理，⑤余剰人員対策，⑥経営環境の変化など，多岐にわたっていた。
7　現行の定年年齢55歳を一気に60歳に引き上げるのではなく，定年延長実施時の社員の満年齢によって定年年齢を段階的に引き上げるものである。つまり，1981年度において満年齢が55歳に達する社員の新定年年齢を満57歳に，満年齢が54歳に達する社員の新定年年齢を満58歳に，満年齢が53歳に達する社員の新定年年齢を満59歳に，満年齢が52歳に達する社員およびそれ以下の年齢の社員の新定年年齢を満60歳に，それぞれ延長するという方法である（新日本製鐵労働組合連合会〔1982〕『新日鐵労働運動史Ⅰ』pp.947-948）。
8　定年延長に関する団体交渉（1979年）の経緯については，新日本製鐵労働組合連合会（1982）『新日鐵労働運動史Ⅰ』pp.943-950を参照のこと。
9　議論された項目は，①基本的見解の概括的表明，②要員・人員関係，③給与制度関係，④その他（人事制度，福利厚生，安全衛生）の4項目であった。
10　定年延長に伴う賃金制度をはじめとする諸制度改定に関する団体交渉（1980年）の経緯については，新日本製鐵労働組合連合会（1982）『新日鐵労働運動史Ⅰ』pp.954-972を参照のこと。
11　労務行政研究所（1982）「新日本製鉄　資格中心の処遇体系を確立したホワイトカラーの人事制度」『労政時報』第2617号。
12　米沢敏夫（1983）「新日鉄の組織人事制度改正の狙いと内容」『賃金実務』No.476。
13　労務行政研究所（1980）「新日鉄の提案要旨－鉄鋼大手5社の定年延長に伴う処遇制度改定の具体的内容」『労政時報』第2526号。管理職については，労務行政研究所（1982）「新日本製鉄　資格中心の処遇体系を確立したホワイトカラーの人事制度」『労政時報』第2617号。
14　鷲尾悦也（1980）「新日鉄の定年延長に伴う新人事・処遇制度」『労政時報』第2533号。
15　鷲尾悦也（1980）「新日鉄の定年延長に伴う新人事・処遇制度」『労政時報』

第2533号．
16 鷲尾悦也（1980）「新日鉄の定年延長に伴う新人事・処遇制度」『労政時報』第2533号．
17 翌年の管理職制度の見直しに伴い，配分単位も「工場・課または掛」から「工場・室または掛」に改訂された．
18 鷲尾悦也（1980）「新日鉄の定年延長に伴う新人事・処遇制度」『労政時報』第2533号．
19 この改訂は業績給の年功的要素を徐々に薄め，個々人の極端な増減収を避けつつ，業績給のベースを職務的賃金に切り替えようとするもので，個人配分基礎給の職務的賃金への移行は1985年度に終了した（新日本製鐵八幡労働組合〔1988〕『賃金ノート　1988年度版』p.26）．
20 具体的には，達成率に応じて設定される業績支給率表に当てはめて算出された．その詳細は，新日本製鐵八幡労働組合（1981）『賃金ノート　1981年度版』p.13を参照のこと．
21 労務行政研究所（1982）「新日本製鉄　資格中心の処遇体系を確立したホワイトカラーの人事制度」『労政時報』第2617号．
22 労務行政研究所（1982）「新日本製鉄　資格中心の処遇体系を確立したホワイトカラーの人事制度」『労政時報』第2617号．
23 石塚拓郎（1988）「鉄鋼大手の賃金制度改訂－その背景と取組み経緯」『賃金実務』No.593，および長崎文康（1988）「新日本製鉄における給与制度改定について－改定された新日本製鉄の賃金制度の全容」『労政時報』第2883号．
24 長崎文康（1988）「新日本製鉄における給与制度改定について－改定された新日本製鉄の賃金制度の全容」『労政時報』第2883号．
25 新日本製鐵労働組合連合会（1994）『新日鐵労働運動史Ⅱ』新日本製鐵労働組合連合会，pp.151-157，および長崎文康（1988）「新日本製鉄における給与制度改定について－改定された新日本製鉄の賃金制度の全容」『労政時報』第2883号．なお，今回の一連の改訂は賃金制度を対象としているため，人事制度の改訂は行われず従来の制度が引き継がれた．しかしながら，1991年6月には研究員独自の職務層区分を新たに設定し，研究員の業務特性に応じて処遇するとともに，卓越した能力・業績をもつ研究員を役員相当まで処遇する「新日鐵フェロー制度」を導入した．詳しい内容は，労務行政研究所（1991）「新日本製鉄－改定されたフェロー制度の制定と研究員処遇制度の改正－」『労政時報』第3050号を参照のこと．
26 長崎文康（1988）「新日本製鉄における給与制度改定について－改定された新日本製鉄の賃金制度の全容」『労政時報』第2883号．
27 石塚拓郎（1988）「鉄鋼大手の賃金制度改訂－その背景と取組み経緯」『賃金実務』No.593，および長崎文康（1988）「新日本製鉄における給与制度改定

第3章　能力主義賃金への段階的移行促進期（安定成長期からバブル経済期）　　99

について‐改定された新日本製鉄の賃金制度の全容」『労政時報』第2883号。
28　新日本製鐵八幡労働組合（1988）『賃金ノート　1988年度版』p.20。
29　長崎文康（1988）「新日本製鉄における給与制度改定について‐改定された新日本製鉄の賃金制度の全容」『労政時報』第2883号。
30　なお，整備・メンテナンス部門の技能職務についても，技術職社員の職務と同様に技能類型の大ぐくり化を図るとともに，技能区分（技能習熟段階）および役割区分に応じて職務給を支給するように改訂された。
31　長崎文康（1988）「新日本製鉄における給与制度改定について‐改定された新日本製鉄の賃金制度の全容」『労政時報』第2883号。
32　その詳細は長崎文康（1988）「新日本製鉄における給与制度改定について‐改定された新日本製鉄の賃金制度の全容」『労政時報』第2883号を参照のこと。
33　新日本製鐵八幡労働組合（1988）『賃金ノート　1988年度版』p.20。
34　長崎文康（1988）「新日本製鉄における給与制度改定について‐改定された新日本製鉄の賃金制度の全容」『労政時報』第2883号。

第4章
能力・成果主義賃金の拡充期
（1990年代後半以降）

第1節　人事・賃金制度改訂（1995年・1997年）

1．制度改訂の概要

　ボーダレス経済の進展，二度にわたる大幅な円高の進行，産業空洞化による鉄鋼需要の減少，国内外競合メーカーとの競争激化など，鉄鋼業を取り巻く環境は1990年代に入り，ますます厳しくなっていた[1]。
　こうした状況のもと，新日鐵は1995年4月に，①年功的部分の引き下げ，②業績をより的確に処遇に反映させることを主たるねらいとして，管理職の人事処遇制度の改訂を実施した。さらに，1997年4月には一般者を対象にして，①系列区分の廃止，②資格制度の改正，③給与制度の改訂等を柱とする人事処遇制度の改訂を，同年7月には管理職層のフラット化をねらいとした組織・役職制度の改訂を実施した。
　今回の一般者の制度改訂への取り組みは，1994年の春季交渉において，労働組合側（新日鐵労連）が人事処遇制度のあり方について意見交換をするための労使協議の場を設置するよう要求したことがはじまりであった[2]。同年7月に労使調査・研究委員会が設置され，職場や仕事を取り巻く環境の変化等を踏まえた人事・賃金制度のあり方に関する調査研究が1年強にわたり行われた。労使の基本スタンスに大きな違いはみられず，①個人の能力発揮意欲を高めるための仕組みの構築，②生産性向上・付加価値増大を支援する仕組みの構築，③今後の世代交代を踏まえた，従業員一人ひとりの技能・知識レベルの向上とその最大発揮を支援するための制度の構築，を目指すという基本理念が了承された。

引き続いて，翌1995年10月から労使制度検討委員会が開催され，計7回にわたる制度改正の実施を前提とした議論を経て，①系列区分の廃止と従業員一本の人事処遇制度の確立，②資格数の増設，③職務給制度の廃止と仕事給部分の一本化，を柱とする制度改訂の枠組みが合意された。

最後に，団体交渉では，昇格の運用方法や業績給における査定の運用方法のあり方が論点となった。労働組合側は，職務給を処遇の中心とする体系から，職務層と資格を処遇の中心とする体系に転換するため，制度の改訂内容よりも，評価制度について納得性のある基準と公正な運用方法を求めた。これに対して経営側も，処遇が資格昇格や業績給査定等の人事評価に大きく依存するようになるため，資格要件の明確化を図るとともに，業績給の重点評価要素を明示することにした。しかしながら，評価基準を明示し運用方法を定めるのみでは，従業員の納得を十分に得ることができないので，1997年改訂で経営側は，すでに導入している「上司・部下間の個別対話」をよりいっそう充実させた。

2．人事制度の概要

新日鐵発足以降，数度にわたる制度改正を経ながらも，人事管理の骨格となる資格区分，職務層区分，系列区分は四半世紀の間，維持されてきたが，いくつかの問題を抱えるようになり，その代表が系列区分であった。

生産設備の合理化による従業員の削減，技術革新による業務内容の高度化等により，主務職社員と技術職社員が混在して業務に従事するケースがみられるようになり，主務職社員と技術職社員の職務領域を明確に区分することができなくなった。こうした変化に対応するために，以下の改訂が行われた[3]。図表4-1は，新しい人事制度の全体像である。

第1は，系列区分の廃止である。これまで技術職社員，主務職社員，医

図表4-1◆人事制度の概要

【資格区分】		【職務層区分】	
管理職層	理　　事	部長	主幹研究員
	理　事　補	マネジャー	
	参　　事		主任研究員
	参　事　補		
一般職層	統括主事	統　　括	研究員
	基幹主事	基　　幹	
	主　　事		
	主　担　当	一　　般	
	担　　当		
	担　当　補		

(出典) 新日本製鐵労働組合連合会 (1996)『新日鐵労連』79号, および長崎文康 (1995)「新日本製鉄の新管理職人事給与制度」『労政時報』第3228号, 山田健司 (1997)「改定された鉄鋼大手の人事処遇制度　新日本製鉄」『労政時報』第3309号より作成。

務職社員の3系列に区分されていた社員区分が廃止された。

　第2は, 職務層区分の一本化である。系列区分の廃止に伴い, 生産関連職務とその他職務の2系列に区分されていた職務層区分が一本化された。新しい職務層は「統括職務」「基幹職務」「一般職務」の3階層とした。

　第3は, 資格数の増設である。定年までの一貫した職務遂行能力の向上と成果発揮に向けて, これまでの統括主事と主事の資格を3分割して1つ増やして, 一般職層の資格を「5段階」から「6段階」とした[4]。

　第4は, 資格昇格選考方法の見直しである。これまでの筆記重視の選考方法を見直して, 昇格候補者に各職場で職務遂行上必要な知識の習得のインセンティブを高めるため, 会社が定める一定の資格の習得, 教育・研修の受講をもって筆記試験を免除するなど, 能力開発施策と昇格選考との連動性を強めた[5]。

　第5は, 組織・役職制度の改訂に伴う管理職層のフラット化である。職

第4章　能力・成果主義賃金の拡充期（1990年代後半以降）　　105

務層区分の改訂に合わせて，組織単位である「室」と「掛」制が廃止され，新たに「グループ」制が導入され，それに連動してスタッフ部門の階層が従来の「部長－室長－掛長」の3階層から「部長－マネジャー」の2階層に，製造ライン部門の階層は従来の「部長－工場長－掛長－作業長」の4階層から「工場長－課長－係長」の3階層にそれぞれ削減された（図表4－2を参照）。その他に，業務担当単位，補佐単位，専門スタッフ職位等のスタッフ職位のうち業務担当職位についても，従来の「担当部長－部長代理－掛長」が廃止され，組織単位長と同じ「部長－マネジャー」とした。

図表4－2◆役職類型および役職名称

■スタッフ部門

旧職務層	組織単位長				新職務層
	本社部門		スタッフ職位		
	（旧）	（新）	（旧）	（新）	
部　長	○○部長	○○部長	担当部長 専門部長	部　長 専門部長	部　長
室　長	○○室長	○○グループリーダー	部長代理 室　長	マネジャー 次　長	マネジャー
掛　長	○○掛長		掛　長		

■製造ライン部門

旧職務層	役職類型		新職務層
	組織単位長		
	（旧）	（新）	
部　長	○○部長	○○工場長	部　長
室　長	○○工場長		マネジャー
掛　長	○○掛長	○○課長	
統　括	○○作業長	○○係長	統　括

（注）　「○○」は部門等の名称。
（出典）山田健司（1997）「改定された鉄鋼大手の人事処遇制度　新日本製鉄」『労政時報』第3309号を一部修正。

3．賃金制度（1997年）の概要

3.1　制度改訂の概況

　系列区分の廃止に伴い，技術職と主務職に分かれていた賃金制度は，図表4-3に示す形に一本化されたが，その際に職務給，職務考課給，職能給が抱えていた次の問題が考慮された[6]。

　技術職社員に適用されている職務価値に応じた職務給と，職務遂行能力と職務給によって決まる職務考課給は，第1に技術革新や新商品開発等に伴う作業方法・職務内容の変化等に迅速に対応できない，第2に従業員の少数化，多能工化の進展に伴い職務価値の異なる複数の職務に従事する従業員を的確に処遇できない，という問題を抱えていた。さらに，主務職社員に適用されている職能給Bは，資格区分別上限金額に達するまでは毎年

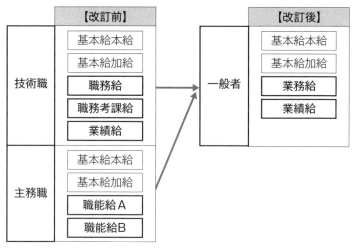

図表4-3◆賃金制度改訂の概要

（出典）筆者作成。

第4章　能力・成果主義賃金の拡充期（1990年代後半以降）　　107

原則として一定額が加算される事実上の年功給であり，年功要素のない技術職や管理職の賃金制度との均衡を考えて，是正する必要性に迫られていた。

こうした問題を是正するために改訂された賃金制度の概要は，次のとおりである。

3.2　基本給

一般者の基本給については，能力・成果に応じた基本給本給と生計費を反映する基本給加給から構成される従来の枠組みを引き継ぐものの，資格制度の改訂に合わせて以下の改訂が行われた[7]。

第1は，基本給本給における昇給基準額と，基本給本給上限額の改訂である。新たに増設された基幹主事の昇給基準額と，基本給本給の上限額の設定に伴う主事の昇給基準額と主担当の基本給本給上限額がそれぞれ見直された。

第2は，基本給加給における55歳以降の水準下降ピッチの是正である。50歳以降のシニア世代の処遇を改善するため，それまで50〜54歳までの水準下降ピッチが大きく設定されていたが，55歳以降の水準下降ピッチが，50〜54歳までと同じに見直された[8]。

3.2.3　業績給と業務給

基本給以外の賃金要素は，能力，成果，職務等に応じた賃金であり，「業績給」と「業務給」から構成される。業績給は資格区分別評価給で，資格区分別に設定された基準額をもとに，毎年4月に実施される査定によって±50％の範囲内で，金額が決まる仕組みである。つまり，各年度の支給金額が前年度の職務遂行能力や成績によって決まる洗い替え方式の賃金要素である。査定は「業務遂行・成果」「業務改善・創意工夫」「指導・

図表4-4◆業務給

職務層区分	ランク	資格との対応関係
統括職務層	―	統括主事
基幹職務層	上級	基幹主事
	標準	主事
一般職務層	上級	主担当
	中級	担当
	初任	担当補

(出典)新日本製鐵八幡労働組合(1997)『賃金ノート　1997年度版』p.5を一部修正。

統率力」「執務態度・意欲」の4つの評価要素によって行われ，その運用にあたっては次の点が留意されている[9]。

①各職場の実態や各人の職務遂行能力レベル・技能習熟段階などに配慮した評価を行う。

②各人の技能習熟段階や今後の育成のあり方等も勘案して，日々の業務について指示・指導を重ね，その達成度を評価することを基本とする。

③上司・部下間の対話の仕組みを積極的に活用する。

業務給は，職務層区分別ランク別定額給で，図表4-4にある職務層区分内に設定された資格区分に対応したランク（基幹職務は2段階〔上級，標準〕，一般職務は3段階〔上級，中級，初任〕）に応じた金額が支給される。これは，資格昇格時の処遇のアップ感や処遇の安定性を持たせるためであり，個人には資格に対応したランクの金額が支給される[10]。

第2節　戦後の賃金制度の変遷を整理する

第Ⅰ部で分析してきた，新日鐵における戦後の賃金制度の変遷を整理す

第4章　能力・成果主義賃金の拡充期（1990年代後半以降）　　*109*

ると，以下のようになる。

　戦後復興期の第1期では，日本経済の再建・復興に不可欠な鉄鋼を増産するため，生産量の拡大を促す賃金制度を設計する必要があった。そこで，生産量の拡大と賃金を結びつけること，生産量の拡大を図るために社員の職場集団（団体）への参画意欲を高めることが求められ，工場別能率給である生産奨励金（業績手当）が重視された。しかし他方では，終戦直後の不安定な経済情勢のなかで，従業員の生活の安定を図り，従業員が安心して生産活動に専念できる条件を整えることも求められ，それを実現する安定的な賃金要素も必要とされた。そこで，戦時中の賃金統制によって形成された年功によって賃金を決める基本給が踏襲された。

　人事制度については，戦前から踏襲されていた職分・身分制が，労働組合の強い要求によって1947年に廃止され，従業員全員を「社員」として処遇する制度に改訂された。しかしながら，役職区分による序列と基本給序列以外に全従業員を統一して管理する制度がないという事態になり，公正な処遇ができない状況になった。そうした状況を是正するため1953年の改訂で，職務遂行能力によって従業員を区分する「職分制度」が導入された。

　第2期の高度経済成長期には，海外からの最新技術の導入等による生産設備の合理化・近代化が進められた。その結果，職務内容は高度化し，処遇の公平性を年功によって維持することが難しくなり，技術職（ブルーカラー）を対象に，職務に応じて賃金を決める職務給が新たに導入されることになった。しかし，職務給は業務内容の標準化を前提としているため，非定型的業務を中心とする主務職に適用することは難しい。そこで主務職には，それに代わって職務遂行能力で賃金を決める職能給が用いられた。

　さらに，新日鐵の発足以降の人事・賃金制度の近代化への取り組みにおいて，従業員個人の働きぶり（業績）を賃金に反映することが重視され，新たに職務加給が導入された。なお，人事制度については，1967年に職務

と能力に応じて処遇を決定する職掌制度が導入され，さらに，その3年後の新日鐵発足に伴う改訂では，職掌制度の基本概念を引き継いだ「系列区分」「職務層区分」「資格区分」の3つからなる新たな人事制度が整備された。

オイルショック以降の安定成長期の第3期では，円高の進展に伴い国際競争力が低下することに加え，労働力の高齢化が人件費の増加と雇用の硬直化を招くようになった。それを背景に人事処遇政策は能力主義を強め，能力によって賃金を決める基本給本給，職能給Bの賃金要素が重視されるようになった。さらに経営業績の拡大を図るため，従業員個人の働きぶり（業績）を賃金に反映させることが重視され，主務職でも職能給Aが見直された。

バブル経済崩壊以降の第4期には，右肩上がりの経済成長の終焉，急激な市場のボーダレス化，情報通信技術の進展など，経営環境は大きく変化した。こうしたなかでグローバル競争に勝ち抜くため，従業員の能力・成果と賃金の結びつきをよりいっそう強めることが重視され，技術職の職務考課給，主務職の職能給Aの機能を引き継いだ業績給の割合が高められた。加えて，生産設備の合理化に伴う人員削減や，技術革新による技術職の業務内容の高度化等によって，働き方や仕事の内容が異なることを前提としていた技術職と主務職を区別する人事制度が機能しなくなり，両者を区別する「系列区分」が廃止され，それに伴い賃金制度も一本化された。

❖注

1 山田健司（1997）「改定された鉄鋼大手の人事処遇制度　新日本製鉄」『労政時報』第3309号。
2 山田健司（1997）「改定された鉄鋼大手の人事処遇制度　新日本製鉄」『労政時報』第3309号。

第4章　能力・成果主義賃金の拡充期（1990年代後半以降）

3　新日本製鐵労働組合連合会（2004）『新日鐵労働運動史Ⅲ』p.131。
4　新日本製鐵労働組合連合会（1996）『新日鐵労連』第79号，および山田健司（1997）「改定された鉄鋼大手の人事処遇制度　新日本製鉄」『労政時報』第3309号。
5　その背景には，今後の団塊世代の退職に伴う大幅な世代交代を控え，長期的な視点に立った人材育成の必要性を考える経営側の問題意識と，資格制度を的確に機能させるには詳細な資格要件や評価基準項目の設定など評価体系の再構築とともに新しい時代に対応した試験制度・教育体系の再構築を図ることを求める労働組合の要望があった（山田健司〔1997〕「改定された鉄鋼大手の人事処遇制度　新日本製鉄」『労政時報』第3309号，新日本製鐵労働組合連合会〔2004〕『新日鐵労働運動史Ⅲ』p.135，および八幡製鐵労働組合〔1996〕『熱風』No.1751）。
6　山田健司（1997）「改定された鉄鋼大手の人事処遇制度　新日本製鉄」『労政時報』第3309号。なお，業績給については今回の改訂に先立ち，1991年に新設された「生産業績支給金」に吸収された（新日本製鐵八幡労働組合（1997）『賃金ノート　1997年度版』p.76）。
7　山田健司（1997）「改定された鉄鋼大手の人事処遇制度　新日本製鉄」『労政時報』第3309号。
8　新日本製鐵労働組合連合会（1996）『新日鐵労連』第141号，p.18。
9　新日本製鐵労働組合連合会（1996）『新日鐵労連』第79号。
10　新日本製鐵八幡労働組合（1997）『賃金ノート　1997年度版』p.5。

第 II 部
株式会社東芝における賃金制度の変遷

第5章
年功賃金世襲期
（高度成長前夜期）

第1節　はじめに　―経営戦略と時代区分

　第Ⅱ部は，東芝における戦後の賃金制度の変遷を分析する[1]。日本のリーディングカンパニーの1つである東芝は，1875年創設の田中製造所と1890年創設の白熱舎を前身としている。以後，田中製造所は1904年に芝浦製作所に，白熱舎は1899年に東京電気にそれぞれ改組，1939年に両社合併による東京芝浦電気の誕生，1984年に東芝への改称を経て，今日に至っている[2]。

　戦後の賃金制度は，経営戦略の変化に沿って，いくつかの段階を経て変化している。そこで，ここでも新日鐵と同じように各段階の時代区分を経営戦略の特質を中心にした上で，賃金制度改定の時代も考慮して設定することにする[3]。経営戦略の特質をみる指標として，生産規模を表す売上高，従業員数，そして両者を結合した「労働生産性」に着目し，その指標に「1人当たり売上高」を用いる[4]。

　以上の観点から時代を区分した図表5-1をみると，戦後の賃金制度の変遷は次の4つの時期に分かれる。第1期は，1940年代後半から1950年代の「高度成長前夜期」である。日本経済の再建・復興が進められるなか，経営合理化の一環として実施された人員整理によって企業経営の安定が確保されたのち，経営規模の拡大を目指して従業員の量的拡大によって売上高の増大を図る戦略がとられた。その結果，図表が示すように，従業員規模は1945年の45,075人から，経営合理化による企業経営の安定が確保された1950年の17,735人にまで急減したのち，1958年の25,970人へと増加している。この間に売上高は1955年の29億5,500万円から1958年の72億600万円へと3倍近く増大したものの，従業員数の増加があったために，労働生産

性の指標である1人当たり売上高は1955年の12万円から1959年の28万円に増加するにとどまる。

第2期は1960年代から1970年代前半の「高度成長期」である。第1期でとられた，従業員の量的拡大による売上高の増大を図る戦略は高度成長期に入っても継続された。図表に示すように，従業員数は1959年の17,735人から1974年の71,474人へと4倍以上に増加している。この従業員規模の拡大に併せて，売上高も1959年の96億4,950万円から1974年の2,414億7,710万円へと大幅に増加している。この間に1人当たり売上高が1959年の34万円から1974年の338万円へと上昇していることからわかるように，一定の労働生産性の向上はあるものの，従業員数の拡大を通して売上高の増大を図る点に，この期の経営戦略の特徴がある。

第3期は1970年代後半から1990年代の「安定成長期からバブル経済期」である。第1次オイルショックによって日本経済が高度成長期から安定成長期に転換すると経営環境は一変し，高度成長期の下で大幅に上昇した賃金水準によるコスト競争力の低下が危惧され，従業員規模を維持しつつ労働生産性を高めることにより売上高の増大を図る戦略がとられた。図表をみると，従業員規模は1975年の67,731人から1989年の69,201人と6万人台後半の水準で推移している一方，売上高は同じ時期に2,798億8,660万円から2兆8,446億5,970万円へと大幅に増加している。その結果，1人当たり売上高は413万円から4,111万円に急増した。従業員規模を維持しつつ，労働生産性の向上によって売上高の増大を図る戦略がとられていたのがこの期の特徴である。

最後の第4期は「2000年以降」である。前期でとられた戦略も1990年代以降の経営環境の変化のなかで行き詰まり，売上高の増大を追わずに，従業員の削減による労働生産性の向上を追求する戦略がとられた。図表をみると，従業員数は1993年の74,883人をピークに，2008年の33,260人へと半

数以下に減少しているのに対し，売上高は同じ時期に3兆2,681億920万円から3兆3,637億7,470万円へと3兆円前半の水準で維持している。その結果，1人当たり売上高は4,364万円から1億114万円へと，2倍以上に増加している。経営規模（売上高）を維持しつつ，従業員規模の大幅な縮小を通して労働生産性の急上昇を図る経営戦略がとられていたのがこの期の特

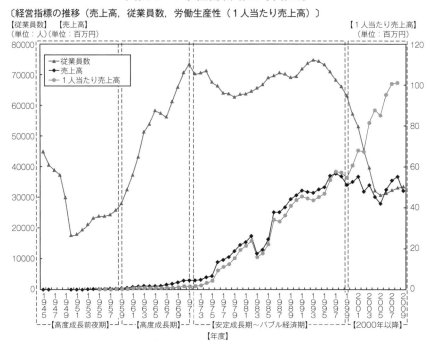

図表5-1◆経営戦略と時代区分

〔経営指標の推移（売上高，従業員数，労働生産性（1人当たり売上高））〕

(注1) 1人当たり売上高（労働生産性）は「売上高／従業員数」で算出。なお，売上高はGDPデフレーターをもとに実質化の処理を行った。GDPデフレーターは「68SNA」と「93SNA」をもとにリンク係数を算出して接続。使用項目は年度。GDPデフレーターのデータは1955年度からであるため，労働生産性は1955年度からの算出。

(注2) 売上高は単体（東芝本体）の各年3月時点の数値。ただし，1945年，1950年の売上高は9月時の数値。1947年から1949年は不明。

(出典) 東京芝浦電気株式会社社編（1977）『東芝百年史』（1976年まで），『有価証券報告書等』，内閣府経済社会総合研究所編（2001）『国民経済計算報告（昭和30年〜平成10年）』（1998年まで），内閣府『国民経済計算』各年（1999年以降）。

徴である。

　以上の時代区分により，第Ⅱ部では同社の戦後の変遷を分析していくが，第2期と第3期の下で展開される賃金制度の改定は一連の流れで取り組まれている動きであるため，両期を併せて分析する。

第2節　企業を取り巻く経営環境と終戦直後の人事・賃金制度（1946年）

1．企業を取り巻く経営環境

　戦後の日本経済は混乱と疲弊を極めていた。戦争末期から徐々に進んでいたインフレは終戦とともに急速に進行し，食料と生活必需物資をはじめとするあらゆる物資が窮迫する一方，労働運動の激化等によって社会不安は高まり，終戦直後の鉱工業生産は戦時中のピーク時の5分の1にまで低下していた。

　電機産業においても生産設備は戦争により多大な損害を受け，しかも旧軍需工業に対する戦時補償の支払停止令，生産施設の賠償指定，財閥解体と集中排除，公職追放などのGHQ（連合国軍最高司令官総司令部）の対日占領政策，戦後再結成した労働組合の組合運動等などによって，電機産業は混乱状態に陥っていた。このような状況のなか，1949年2月，GHQの集中排除政策によって，東芝は保有していた27工場1研究所を処分する指令を受けた[5]。しかしながら，米ソの対立を背景としたGHQの対日占領政策の方向転換，政府の再建・復興に向けた様々な経済施策，朝鮮特需などによって電機産業は混乱状態から回復し，経済復興に大きな役割を果た

すことができた[6]。

2．終戦直後の人事・賃金制度（1946年）

こうした企業経営を取り巻く環境の下，終戦直後の人事制度は大きく身分・資格制度と役職制度の2つから構成され，とくに身分・資格制度は人事制度の中核を担う制度であった。同制度の下で従業員は「職員」と「工員」に区分され，職員の制度は戦時中に改正されたものが踏襲されていた。職員は「社員」から「傭員」までの5身分からなり，さらに社員には「理事」から「社員」までの7ランクからなる資格制度が設置されている（図表5-2を参照）[7]。一方，工員の制度は工場ごとに異なるので，主力工場

図表5-2◆身分・資格制度（1945年）

職　員		工　員	
【身分制度】	【資格制度】	【身分制度】	【資格制度】
社員	理　事		
	参事一級		
	参事二級		
	主事一級		
	主事二級		
	主事三級		
	社員		
准社員一級		資格工員	技員特級
准社員二級			技員一級
雇　員			技員二級
傭　員			技員三級
		普通工員	
		見習工員	

（注）　工員の身分・資格制度は堀川町工場で設けられている制度。
（出典）東京芝浦電気株式会社総合企画部社史編纂室編（1963）『東京芝浦電気株式会社八十五年史』東京芝浦電気株式会社，pp.205-207，およびpp.402-403をもとに作成。

の1つである堀川町工場を取り上げると，身分制度は「見習工員」「普通工員」「資格工員」の3身分からなり，さらに資格工員には「技員特級」から「技員三級」までの4ランクからなる資格制度が設けられている[8]。

1946年4月に改定された職員，工員の基本賃金は「本給」のみから構成される[9]。その仕組みは，堀川町工場を例にすると，身分別，性別，年齢別（工員のみ），経験の有無別（工員のみ），学歴別（職員のみ）の初任給に勤務成績，出勤率などによって決まる昇給額を積み重ねる年功要素の強い賃金である[10]。基本賃金以外の賃金要素として，臨時手当，家族手当，物価手当等が支給された[11]。しかも，その後インフレの進展に対応する「生活補償金」，生産活動の復興と増産を促す「臨時生産割増金」などの臨時的な手当の増設が頻繁に行われたため，賃金制度は複雑な体系となっていった[12]。

第3節　賃金体系の整理を目的とした賃金制度改定（1947年）

こうした状況を受けて，東芝は1947年に賃金体系の整理を目的とした制度改定を実施した。この改定への取り組みは1947年7月の経営協議会において，労働組合側が「新賃金」を要求したことからはじまった。これに対して経営側は賃金体系を整理した改正案を提出し，労働組合側の修正要求を聞き入れる形で協議が進められた。大きな対立点はみられず，同年7月30日に新賃金協定が締結された[13]。

この改定で新たに「生活手当」が創設され[14]，臨時的に創設された生活関連手当が同手当に整理・統合された。一方，戦後導入された臨時生産割増金は廃止され，新たに「増産奨励金」が創設された（図表5-3を参照）。

図表5-3◆賃金制度改定の概要

【改定前】	【改定後】
本給	本給
臨時生産割増金	増産奨励金
生活関連手当	生活手当

(出典) 筆者作成。

　増産奨励金は，復興しつつある生産活動をさらに推進することを目的とした，全社レベルの売上高および生産高に応じて従業員に成果を還元する団体能率給であり，売上奨励金，売上加給金，生産奨励金，生産加給金の4つの財源から構成される。

　売上奨励金は，当月の1人当たり売上高の実績が1人当たり基準売上高に達した場合に支給され，事業場支払本給の50%を財源としている。売上加給金は，1人当たり売上高が1人当たり基準売上高を超えた場合に支給され，1人当たり売上高の超過分（「1人当たり売上高」-「1人当たり基準売上高」）に，定率（15%），総実働人員，および全社の総支払本給に占める事業場支払本給の割合を乗じて算出された金額を財源としている。生産奨励金は，1人当たり基準生産高を達成した場合に事業場支払本給の50%を財源として[15]，生産加給金は1人当たり生産高が1人当たり基準生産高を超えた場合に，その超過分（「1人当たり生産高）-「1人当たり基準生産高」）に，定率（15%）と事業場ごとの実働人員を乗じて算出された金額を財源としている。なお，1人当たり基準生産高は各事業所の生産基準委員会で決められている[16]。これらの支給財源をもとにして，個人には「本給」「出勤」「勤務成績」によって算出された金額が支給される[17]。この増産奨励金は賃金支給総額の4割近くを占めていたものの[18]，その決め方が本給をベースとしていたため，依然として生活給要素の強いもので

あった。増産奨励金は，その後もインフレ等によって悪化する経営の立て直しを図る取り組みの一環として改定されている[19]。

第4節　工員の資格制度統一と作業給導入に伴う人事・賃金制度改定（1952年）

1．制度改定の概要

　終戦直後から続く労使の対立は，工場ごとの収支改善を目指した工場別独立採算制[20]が1948年に導入されたことを契機に激化し，1949年には人員整理・工場閉鎖などの経営合理化をめぐる「企業整備闘争」と呼ばれる大争議に発展した。しかし，この大争議は同年12月の新協約の締結で幕を閉じ，企業経営の安定が確保されることになった[21]。こうしたなか，東芝は終戦以降，遅れていた人事管理制度の整備に取り組み，1952年3月に工員の資格制度の全社統一を図るとともに，同年4月に賃金制度改定を行い，増産奨励金に代わり「作業給」を導入した[22]。

　工員の資格制度の全社統一への取り組みは，1952年1月の労使交渉時に経営側から全社統一を前提とした資格制度案が提出されたことからはじまった。工場ごとに異なる資格制度が設けられていること，資格制度自体が設けられていない工場があることにより公平な処遇が行われていないこと，さらに，資格を役職と混同して人事管理を運営している工場がみられていること等，現行の資格制度が抱える問題を是正する必要性を経営側が持っていた[23]。労働組合は工員資格制度の統一に対して反対せず，経営側との交渉を続けた[24]。交渉では「資格制度統一によって待遇が低くなる者

に対する取り扱い」が主な議論となった。経営側は新制度への移行時に，それまでの条件が下がらぬよう調整すること等，従業員への配慮を行うことを回答した[25]。こうした労働組合側からの一部修正の要求を受け入れながら，労使は同年3月に会社案で合意した[26]。

　賃金制度の改定は，工員の資格制度の全社統一交渉が妥結した後の4月に，労働組合側が賃金要求書を提出したことからはじまった。その主な内容は，①工場間，職工間等の本給是正，②賃金形態および構成の変更などであった[27]。こうした労働組合の要求に対して経営側は「本給是正ではなく定期昇給の実施」，「出勤加給，作業給の導入」を提案した。労働組合側は要求を実現するため，日立，三菱電機などの労働組合と共闘態勢を整えて団体交渉に臨み，経営側は強い姿勢でこれに対応した。延べ14回に及んだ団体交渉の結果，労使は会社案で合意し，同年5月に協定が締結された[28]。

2．人事・賃金制度の概要

　まず，人事制度では，職員と工員に別々に設置された従来の身分・資格制度が引き継がれる一方，工員の身分・資格制度は今回の改定によって，主力工場である堀川町工場の制度が全社統一の制度として採用された[29]。工員の身分は「資格工員」から「見習工員」の3身分からなり，さらに資格工員の資格は「技員特級」から「技員三級」の4ランクからなる制度が設置された（図表5-4を参照）。工員の身分・資格任命は毎年5月1日付けで行われた。

　賃金制度については，図表5-5に示すように，増産奨励金に代わり年功要素の強い作業給が新たに導入された。作業給導入には，生活保障的性格を持つ賃上げ分を本給に集中させないこと，所得税，累進課税の負担を補填すること，という経営側のねらいがあった[30]。個人には，本給をベー

スとした基準給に出勤率を乗じた金額が支給される。基準給は①過去3ヶ月間の特殊作業手当，特殊勤務手当の月平均金額，②特殊作業手当，特殊勤務手当，家族手当を除いた基本賃金の理論月収に対する税額の70％と新本給の33％とのいずれか高い額，③新本給の67％の3つを加えたものであり，出勤率は［当月実出勤日数／基準出勤日数（25日）］によって算出される[31]。

図表5-4◆身分・資格制度

職　員		工　員	
【身分制度】	【資格制度】	【身分制度】	【資格制度】
社員	理　事		
	参事一級		
	参事二級		
	主事一級		
	主事二級		
	主事三級		
	社員		
		資格工員	技員特級
			技員一級
			技員二級
			技員三級
准社員		普通工員	
雇　員		見習工員	
傭　員			

（出典）東京芝浦電気株式会社総合企画部社史編纂室編（1963）『東京芝浦電気株式会社八十五年史』pp.205-207，およびpp.402-403をもとに作成。

図表5-5◆賃金制度改定の概要

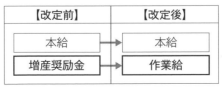

（出典）筆者作成。

注

1 第Ⅱ部は，田口（2007a）（2007b）（2008a）（2008b）（2008c）（2011）を加筆・修正している。
2 東芝ホームページより（http://www.toshiba.co.jp/）。本書では「東芝」を統一して用いる。
3 賃金制度改訂の時期に基づいた時代区分のアイデアは，全日本電機・電子・情報関連産業労働組合連合会（2001）「東芝の賃金制度」『中闘組合の賃金制度【第2集】』，全日本金属産業労働組合協議会（金属労協）顧問・梅原志朗氏のコメントをもとにしている。
4 同社には，新日鐵の粗鋼生産量のような戦後から一貫して生産量を測ることができる指標はない。多様な製品を扱っていることに加え，市場や技術の変化によってそれらの構成が変わるからである。そこで，ここでは生産規模を表す指標として売上高を用いる。ただし，インフレによって貨幣価値が変化するため，GDPデフレーターを用いた実質化の処理を行っている。さらに戦後直後の売上高の一部のデータに不備があったため，1人当たり売上高のデータは実質化処理を行った売上高と従業員数のデータが揃う1955年からとしている。
5 東京芝浦電気の分割に関する経緯については，さしあたり，東京芝浦電気株式会社総合企画部社史編纂室編（1963）『東京芝浦電気株式会社八十五年史』pp.282-295を参照されたい。
6 戦後復興の代表的な政策に傾斜生産方式があるが，これは石炭と鉄鋼が最重要産業に指定されていたことから，電機業界はインフレのなか企業整備によって経営再建に取り組んでいた（東京芝浦電気株式会社総合企画部社史編纂室編〔1963〕『東京芝浦電気株式会社八十五年史』pp.245-246）。
7 戦前の職員の身分・資格制度および役職制度の改正の変遷については，東京芝浦電気株式会社総合企画部社史編纂室編（1963）『東京芝浦電気株式会社八十五年史』pp.205-209を参照のこと。
8 東京芝浦電気株式会社総合企画部社史編纂室編（1963）『東京芝浦電気株式会社八十五年史』p.403。主要工場の職員の身分・資格制度等は同書を参照のこと。
9 東京芝浦電気株式会社総合企画部社史編纂室編（1963）『東京芝浦電気株式会社八十五年史』p.210を参照。なお，支給形態は傭員以外の職員には月給制が，工員には日給制あるいは月給制がとられていたが，1945年10月の工員身分資格の改正と同時に，軽電・通信両部門では，それまでの時間給別日給制を改め，技員特級・同一級には月給制を，技員二級以下には日給制とした。一方，重電部門では，終戦直後から月給制に切り換えたが，この月給制は一級工長・二級工長以外は実質的に日給月給制であった。後に工員の採用が再

第5章　年功賃金世襲期（高度成長前夜期）　　*127*

開されると，新規入社工員はすべて日給制とし，さらに1952年3月の工員の資格制度の統一により，技員一級以上は月給制，技員二級以下は日給制となった（東京芝浦電気株式会社総合企画部社史編纂室編〔1963〕『東京芝浦電気株式会社八十五年史』pp.404-405）。

10　堀川町労働組合賃金部（1948）『堀川町に於ける初任給調査報告』。

11　終戦直後には，臨時手当（臨時手当＋生産奨励給），物価手当，家族手当，実物給与が職員，工員の両方に支給され，これまで支給されていた食事手当，住宅手当，臨時物価手当，皆勤手当，精勤手当，越冬資金，物資配給補助は廃止された。しかしながら，その後も手当の新設，廃止が繰り返され，1952年の賃金体系の改正をもって，一段落を告げた（東京芝浦電気株式会社総合企画部社史編纂室編（1963）『東京芝浦電気株式会社八十五年史』p.405）。

12　臨時生産割増金の概要については東京芝浦電気株式会社総合企画部社史編纂室編（1963）『東京芝浦電気株式会社八十五年史』p.908を参照のこと。

13　東京芝浦電気株式会社総合企画部社史編纂室編（1963）『東京芝浦電気株式会社八十五年史』p.264。その後もインフレはいっそう深刻化し，実質賃金が低下してきたため，労働組合側は賃金制度改定等の要求をめぐって経営側と紛争を起こした。翌1948年の独立採算制の問題等も絡んで，労使間の対立は激化，さらには活動方針の違いによる労働組合内部の対立・分裂も起きて，問題は長期化した。これらの詳しい説明は前掲書pp.264-270およびpp.308-312，および東芝労連10年史編纂委員会編（1964）『組合運動史』pp.147-198を参照のこと。

14　東京芝浦電気株式会社総合企画部社史編纂室編（1963）『東京芝浦電気株式会社八十五年史』p.905。

15　本社，関西事業所，研究所および営業所などの生産工場を持たない事業場の生産奨励金は全工場の総平均が適用された（東京芝浦電気株式会社総合企画部社史編纂室編〔1963〕『東京芝浦電気株式会社八十五年史』p.909）。

16　東芝労働組合連合会（1953）『東芝労連印刷』1-133号。

17　東京芝浦電気株式会社総合企画部社史編纂室編（1963）『東京芝浦電気株式会社八十五年史』p.909。個人配分は事業場ごとに決められていた。

18　東京芝浦電気株式会社総合企画部社史編纂室編（1963）『東京芝浦電気株式会社八十五年史』p.905。

19　具体的には，工場別独立採算制の導入の一環として，1949年3月に「奨励金」が増産奨励金に代わり導入された。その概要は東京芝浦電気株式会社総合企画部社史編纂室編（1963）『東京芝浦電気株式会社八十五年史』p.910を参照のこと。

20　金融界の融資条件として提示された合理化案の1つで，企業全体の健全化を図ることをねらいとしたもので，重電，軽電の各本部を統括部門とした。

しかし，当時の状況で独立採算制の導入によって黒字となる工場は，堀川町，柳町，鶴見などの主力工場をはじめとする18工場にとどまり，それ以外の工場は赤字工場であった（東京芝浦電気株式会社総合企画部社史編纂室編〔1963〕『東京芝浦電気株式会社八十五年史』pp.280-281）。

21　企業整備闘争の詳細については，東京芝浦電気株式会社総合企画部社史編纂室編（1963）『東京芝浦電気株式会社八十五年史』pp.308-313を参照のこと。

22　東京芝浦電気株式会社総合企画部社史編纂室編（1963）『東京芝浦電気株式会社八十五年史』p.400およびp.405。

23　東芝労働組合連合会（1952）『労連ニュース』No.45。

24　しかしながら，労働組合内の中央委員会では経営側の工員資格制度の提案をめぐり，意見が分かれた。その理由は，資格統一ではなく，「身分制撤廃の必要性」を訴える発言があったことであった。審議が進められ，採決の結果，「資格統一」について経営側との交渉を進めることが可決された（東芝労働組合連合会〔1952〕『東芝労連印刷』1-116号）。

25　東芝労働組合連合会（1952）『東芝労連印刷』1-122号，および1-131号。

26　東芝労組30年史編纂委員会編（1981）『東芝労働組合30年運動史』p.49。

27　東芝労連10年史編纂委員会編（1964）『組合運動史』pp.268-272。

28　東芝労働組合連合会（1952）『東芝労連印刷』2-41号。

29　東京芝浦電気株式会社総合企画部社史編纂室編（1963）『東京芝浦電気株式会社八十五年史』pp.402-403。なお，1951年4月に職員の身分制度の一部改正が行われ，准社員一級と准社員二級が統合され，「准社員」となった（同書p.403）。

30　金属労協顧問・梅原志朗氏インタビュー（2012年5月25日）（田口和雄・鈴木誠（2013）『梅原志朗オーラルヒストリー』所収）。

31　東京芝浦電気株式会社総合企画部社史編纂室編（1963）『東京芝浦電気株式会社八十五年史』pp.910-911。その後，基準給の算出方法は1953年，1957年に，出勤率は1954年にそれぞれ改定された。さらに，1959年には本給リンク方式を見直し職能給的要素を加味することをねらいに，職員の主事三級以上，工員の技員一級以上の者を対象に資格別定額給が導入された（東芝労連10年史編纂委員会編〔1964〕『組合運動史』pp.436-437）。この作業給改定には，これまでの従業員の生活保障を担う属人的な賃金から属職的（仕事）な賃金に切り替えようと考えている経営側のねらいがあったが，労働組合側は懐疑的で警戒感を持っていた（金属労協顧問・梅原志朗氏インタビュー，2007年4月13日）。

第 6 章
年功賃金と仕事賃金の並立期
（1960年代〜1990年代）

130 第Ⅱ部　株式会社東芝における賃金制度の変遷

第1節　身分制廃止と仕事給導入に伴う人事・賃金制度改定（1964年）

1．制度改定の概要

　高度経済成長期に入ると，技術革新の進展，組織の合理化，高学歴化による労働力構成の変化など，企業経営を取り巻く環境は変化した。とりわけ，技術革新による熟練の平準化は，身分制的な人事制度，属人的要素の強い賃金制度による公平な処遇の維持を難しくさせていた[1]。

　こうしたことを受けて，東芝は1964年から人事・賃金制度の改定に取り組み，人事制度面では同年4月には新資格制度を創設し，賃金制度については，従来の年功序列的な制度から能力と仕事に応じた賃金制度への移行を目指して，新たに仕事給と能力加給を導入した（図表6-1を参照）。なお，仕事給の導入は職層ごとに段階的に行われ，技能職には1965年4月に，事務・技術職には1967年6月に，主任・主務・監督指導職には1968年にそれぞれ導入された[2]。

　賃金制度改定への取り組みは，1964年の賃金交渉で経営側から資格制度

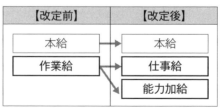

図表6-1◆賃金制度改定の概要

（出典）筆者作成。

および賃金制度の改定案が提案されたことからはじまった。労働組合は経営側の提案に対して反対しないものの，現行制度が大幅に変わることから交渉を慎重に進めるという対応をとった[3]。その結果，地域加給の廃止，本給水準の引き上げ，仕事給の新設，新資格制度と結びつく能力加給の新設が認められた。ただし，仕事給については技能職等に職種別・熟練度別の賃率を設定するため，労使で構成する専門委員会「中央仕事給専門委員会」を設置して協議が進められた。労使は11回にわたる協議を行ったものの，合意に達しなかった。そのため主要な問題点の協議は翌年の春闘のなかで行われ，1965年5月に妥結した[4]。さらに，1969年には，製造部門へのライン・アンド・スタッフ・システムの導入に伴う製造部門の機能強化を目的とした製造長制度が導入された[5]。

2．人事制度の概要

人事制度改定の背景には，戦後一貫して採られてきた学歴等を基準とした旧資格制度に対する組合員の不満が高まり，公平な処遇を維持するために是正が求められていたという事情があった[6]。主な改定点は以下の3点であった[7]。

①身分制の廃止と従業員全員の「社員」への統一。
②従業員を管理職掌，事務技術職掌，技能職掌に区分し[8]，事務技術職掌と技能職掌に対応して主事コースと技士コースを設置する新資格制度の導入[9]。
③学歴偏重から職能中心の昇進基準への見直し。

このようにして，新人事制度では共通の職能基準によって全従業員を格付けする資格制度と，従業員を「管理職掌」，「事務技術職掌」，「技能職掌」に区分し，事務技術職掌と技能職掌に対応する「主事コース」と「技

士コース」を設ける社員区分制度が導入された。資格制度は「理事」から「社員3級」までの11ランクから構成され，副参事以上が管理職相当資格，主事1級あるいは技士1級までが一般者相当資格である。資格の格付けは，学識，経験，能力，技能および功績などにより行われる。図表6-2に示すように，事務技術職掌と技能職掌は上位4資格では主事コースと技士コースに分かれているが，下位3資格では一本化されている[10]。

　資格任命は，次の基準により毎年7月1日付けで行われる[11]。第1は，「最短基準年数を満たしていること」である。図表6-3に示すように昇格に要する在任年数は資格ごとに設定され，社員3級から社員1級では「最

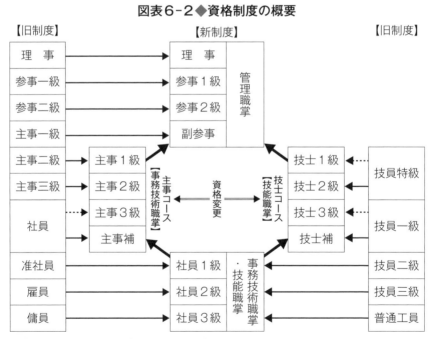

図表6-2◆資格制度の概要

（注）　図中の両側にある資格制度は旧制度。
（出典）東芝労働組合連合会（1964）『東芝労連新聞』第148号（昭和39年5月20日）を一部修正。

短」「標準」「最長」が，主事・技士の各コースでは「最短」と「標準」が示されている。第2は，人事考課で一定以上の評価を得ることである。具体的には，当該資格の在任期間中の職務，能力，勤務態度の3要素による人事考課の平均点が一定水準以上であることである。第3は，面接と検定による評価である。検定は「仕事に関するレポート」と「職務に必要な知識テスト」であり，さらに技能職には必要に応じて「実技テスト」が行われる。第4は，補助的要素である。「勤務率」「国家検定資格」「定時制学卒」などが必要に応じて考慮され，とりわけ勤務率は社員1級以下で重視される。

新資格等級への移行は以下の手順で行われた[12]。

①原則として，旧身分・資格を新身分・資格に機械的に移行（横すべ

図表6-3◆各資格における最短・標準・最長年数表

事務技術・技能職掌

年数に要する在任		社員3級	社員2級	社員1級
	最短在任年数	中卒初任3年	高卒初任2年	3年
	標準在任年数	3年	中卒3年 高卒2年	中卒5年 高卒4年
	最長在任年数	5年	5年	7年

主事コース【事務技術職掌】

	主事補	主事3級	主事2級	主事1級
最短在任年数	大卒初任 中卒5年 高卒4年 大卒4年	中卒6年 高卒5年 大卒4年	3年	
標準在任年数		中卒7年 高卒5年 大卒4年	技士コースとほぼ見合った運用をする	

技士コース【技能職掌】

	技士補	技士3級	技士2級	技士1級
最短在任年数	中卒5年 高卒優秀者4年	中卒6年 高卒優秀者4年	6年	
標準在任年数	中卒7年 高卒5年	中卒8年 高卒6年	9年	

管理職掌

副参事	参事2級	参事1級	理事

（注1）最短在任年数とは，上位資格に昇格するための最低要件である。優秀者については学歴差を設けない。
（注2）標準在任年数とは，この年数在任したものの約半数以上は上位昇格できる年数を示す。
（注3）例外的に能力，勤務が劣るものは最長在任年数の適用を除外する。
（出典）東芝労働組合連合会（1964）『東芝労連新聞』第148号（昭和39年5月20日）を一部修正。

り)させる(図表6-2の「実線」部分)。

②新資格の最短基準年数を超える在任年数を有する者を対象に,上位資格への昇格を検討する(図表6-2の「点線」部分)。

③新資格の最長在任年数を超える者は,自動的に上位資格へ昇格する(図表6-2の「点線」部分)。

④途中入社者などの前歴を評価して,上位資格への昇格を図る(図表6-2の「点線」部分)。

3. 賃金制度の概要

3.1 本給と能力加給

今回の改定では,基本賃金については図表6-1に示したように作業給に代わって仕事給と能力加給が導入され,本給については入社時初任給に学歴等別に区分された昇給額を積み上げていく従来の枠組みが引き継がれたものの,①地域加給原資の20％の本給原資への繰り入れ,②昇給ライン編入基準(昇給額を区分する基準)の見直し,③学歴間格差の見直しが行われた[13]。

新たに創設された能力加給は能力に応じて決まる賃金で,個人には本給に資格別・本給段階別に設定された能力加給率を乗じて算出された金額が支給される。なお,能力加給率は本給の昇給あるいは資格昇進が行われた場合に変更される[14]。

3.2 仕事給

新たに創設された仕事給は仕事の「種類(職種)」と「程度(達成度)」に応じて決まる賃金で,個人には職種と習熟度によって格付けされる等級に対応した金額が支給される[15]。図表6-4は仕事給の全体像を整理した

第6章　年功賃金と仕事賃金の並立期（1960年代～1990年代）

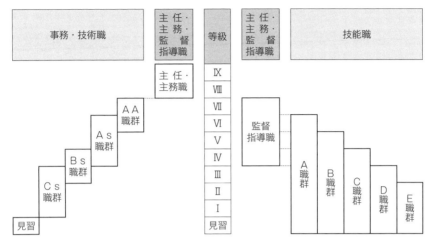

図表6-4◆仕事給の全体像

(出典) 東芝労働組合 (1971)『東芝労組新聞』号外 (昭和46年10月18日) を一部修正。

もので，従業員は「技能職」（技能職掌の一般社員），「事務・技術職」（事務技術職掌の一般社員），「主任・主務・監督指導職」（技能職掌の組長代理以上の指導職と事務技術職掌の主任・主務）の3つのタイプに区分されている。同図表に示すように等級は統一されているものの，職種評価や格付けの方法等がタイプによって異なるため，以下ではタイプごとに仕組みを説明する。

3.2.1　技能職

技能職の職種評価は，慣行的に存在する職種を「職務価値の異なるものは一緒にしない」との原則に基づいて「大分類」と「中分類」に整理・分類し，中分類を基本に職種評価が行われる[16]。職種評価は「知識」「習熟」「緊張持続性」「注意集中度」「肉体的強度」「危険度」「共同性」の7要素からなる点数法で行われ，評価要素ごとに3～5段階評価が行われる。そ

の合計点をもとに職種は5つの「職群」に[17]，また各職群は「習熟年数」の違いによって最高6ランクの「等級」に区分される。

　こうした等級への個人の格付けは「職群格付け」と「等級格付け」によって行われ，前者の職群格付けは従事する職種によって，後者の等級格付けは「職歴年数×職種係数×勤務係数×技能係数」によって決定される[18]。なお，職歴年数は社内外で働いた経験年数である。職種係数は現在担当している職種とこれまで経験してきた職種との関連度に応じて決まる係数で，同じ職種の場合は「100%」，同じ職群の職種の場合は「80%」，製造関係の類似職種の場合は「60%」，製造関係の異職種の場合は「40%」，その他の経験の場合は「10%」としている[19]。勤務係数は勤務率に応じて決まる係数で，年間の勤務率が70%以上の場合は「100%」，50%以上70%未満の場合は「50%」，50%未満の場合は「0%」としている。技能係数はⅣ等級以上の者を対象に，職種別に作成された職級定義書に基づいて決まる係数であり，職級定義書による職級審査の成績優秀者は「一段上位」の等級に昇格する[20]。以上のような方法で，現在格付けされている等級の1つ上の等級の仕事も十分にこなせる技能を持っていると判断された場合に，原則として上位等級への昇級が行われる[21]。

　初任格付けについてみると，中卒未経験者は1年間の見習後に「Ⅰ等級初年度」に格付けされるが（図表6-5を参照），知識経験または職業訓練経験のある中卒者はそれらを反映した格付けが行われる[22]。具体的には，中卒者を対象として各工場で実施されている3年間の技能者養成教育コースである技能訓練正科の卒業者は「Ⅱ等級初年度」に，中卒者を対象として各工場で実施されている1年間の技能者養成教育コースである技能訓練別科卒業者は「Ⅰ等級初年度」に，高校卒業者は，1年間の見習後にA，B，C職群は「Ⅱ等級2年度」に，D，E職群は「Ⅱ等級初年度」にそれぞれ格付けされる[23]。

図表6-5◆初任格付けと等級区分（技能職）

等　級	習熟年数	等級期間	15歳入社者
Ⅵ	15年以上	−	30歳以上
Ⅴ	10年以上	5年	30〜25
Ⅳ	7年以上	3年	24〜22
Ⅲ	5年以上	2年	21〜20
Ⅱ	3年以上	2年	19〜18
Ⅰ	1年以上	2年	17〜16
見習	1年未満	1年	15

15歳未経験者：見習（1年間）→ 16,17,18→19（Ⅱ等級初年度）→20,21歳
15歳技能訓練生：訓練期間（3年間）→ 18→19（Ⅱ等級初年度）→20,21歳
18歳知識経験3年の場合：見習（1年間）→ 19→20,21歳

知識経験または職業訓練（技能）経験のある者

（出典）産業労働調査所（1970b）「東京芝浦電気の仕事給制度」『賃金実務』No.175。

3.2.2　事務・技術職

　事務・技術職の職種評価は，技能職と同じ手続で行われる。つまり，慣行的に存在する職種を「職務価値の異なるものは一緒にしない」との原則に基づいて，「大分類」と「中分類」に整理・分類したのち，「中分類」を基本に職種評価が行われる[24]。職種評価の方法は「基礎知識」「実務知識」「思考力」「折衝力」「拘束性」「肉体強度」「危険度」の7要素からなる点数法が用いられ，各職種は職種評価の合計点と職種の「複雑・困難性」によって4つの「職群」と2〜3ランクの「等級」に区分される（図表6-6を参照）[25]。

こうした職群と等級への個人の格付け方法は，図表6-7にあるように「職群格付け」と「等級格付け」によって行われる。職群格付けは全社レベルで設定された「職群定義書」と，標準的な職種を示した「職種別単位職務分類表」に基づいて行われる[26]。初任格付けは大学卒が「Ｂｓ職群」，短大・高専卒が「Ｂｓ職群」，高校卒が「Ｃｓ職群」，中学卒が「Ｃｓ職群」である。なお，こうした職群格付けの作業（職級審査）は毎年1回行われ，各職群の上位等級にいる場合で，成績優秀であれば上位の職群に変更される。

等級格付けは個人の習熟年数に応じて決められる。具体的には「職歴年数×職種係数×勤務係数×職能係数」によって算出される。職歴年数，職種係数，勤務係数の決め方は技能職と同じであるが，職能係数は主たる単位職務の「複雑困難度」，本人が発揮した「努力度」，業績の「遂行度」を

図表6-6◆職群と等級（事務・技術職）

等級	職群			
	Ｃｓ	Ｂｓ	Ａｓ	ＡＡ
	235点以下	240〜285点	290〜345点	350点以上
Ⅶ				
Ⅵ			①	① (5)
Ⅴ			② (5)	
Ⅳ			①	(3)
Ⅲ		①	(2)	
Ⅱ		(2)		
Ⅰ		(2)		
見習	(1)			

(注)　(　)は最長年数，○は最短年数を示す。
(出典) 産業労働調査所（1970b）「東京芝浦電気の仕事給制度」『賃金実務』No.175をもとに一部修正。

評価する達成度分析によって決められる。この職能係数はⅣ等級以上の者に適用される基準で、達成度分析の成績優秀者は「一段上位」の等級に昇格する[27]。なお、1年間の「見習等級」を経た後の初任格付けは、大学卒が「Ⅳ等級」、短大・高専卒が「Ⅲ等級」、高校卒が「Ⅱ等級」、中学卒が「Ⅰ等級」である。また、各職群の上位等級を除く全等級には最長習熟年数が設定され、当該職群内では習熟年数に応じた昇格が行われる。しかし、各職群の上位等級への昇格後は、上位職群に移行しない限り、その上の等級への昇格は行われず、当該等級の上位等級に滞留する。

3.2.3 主任・主務・監督指導職

主任・主務・監督指導職の職種評価は技能職、事務・技術職と異なり行

図表6-7◆個人格付け（事務・技術職）

職 群	「職群定義書」と「職種別単位職務分類表」により格付け 大学卒：Ｂｓ職群，短大・高専卒：Ｂｓ職群，高校卒：Ｃｓ職群，中学卒：Ｃｓ職群
等 級	格付等級＝職歴年数×職種係数×勤務係数×職能係数 ・職歴年数…社内外通算 ・職種係数…同職種：100％，同類職種：80％，類似職種：60％，異職種：40％，その他の職種：10％ ・勤務係数…勤務率70％以上：100％，50％以上：50％，50％未満：10％ ・職能係数…ＢｓおよびＣｓ職群については，経験年数により算定する。また，ＡＡおよびＡｓ職群についてはそれに加えて，「職務遂行要件の達成度」により原則として一段上位の等級に格付けする。
初任格付け	大学卒：Ⅳ等級 短大・高専卒：Ⅲ等級 高校卒：Ⅱ等級 中学卒：Ⅰ等級

（出典）労務行政研究所（1967b）「東芝の仕事給制度（事務・技術職）」『労政時報』第1909号を一部修正。

図表6-8◆等級格付け

等　級	格付け基準
Ⅸ	主事1級以上の主任（主務）
Ⅷ	主事2級，3級の主任（主務）
Ⅶ	職長，組長（技長）
Ⅵ	組長代理，およびA職群，B職群の班長
Ⅴ	C職群，D職群，E職群の班長
Ⅳ	C職群，D職群，E職群の班長代理

（出典）東芝労働組合連合会（1969）『東芝労連新聞』号外（昭和44年2月15日）。

われない。技能職，事務・技術職に比べて管理・監督的な仕事の比重が大きく，同じ手法で職務評価を行うことが難しいことがその主な理由である。図表6-8に示すようにⅣ等級からⅦ等級の4ランクからなる監督指導職の等級の格付けは役職によって，Ⅷ等級とⅨ等級の2ランクからなる主任・主務職の等級格付けは資格ランクと役職によってそれぞれ行われる[28]。たとえば，Ⅳ等級にはC職群，D職群，E職群の班長代理が，Ⅴ等級にはC職群，D職群，E職群の班長が，Ⅵ等級には組長代理と，A職群，B職群の班長が，Ⅶ等級には職長・組長がそれぞれ格付けされる。また，Ⅷ等級には主事2級および3級の主任（主務）が，Ⅸ等級には主事1級以上の主任（主務）がそれぞれ格付けされる。なお，技能職，事務・技術職の等級との対応関係を確認すると，主任・主務職の等級は事務・技術職のAA職群の上位等級と，監督指導職の等級は技能職のA職群からE職群の上位等級とそれぞれ接続するように設定されている（前掲図表6-4を参照）。

第2節　資格制度一本化を目的とした人事・賃金制度改定（1977年）

1．制度改定の概要

　1970年代前半のオイルショックを契機として，日本経済は高度成長から低成長へと大きく転換し，電機産業はインフレによる個人消費の減退や総需要抑制政策の影響などにより，企業体質の改善が強く要請された[29]。このような状況の下，東芝は人員の機動的配置を行うために1977年7月に人事・賃金制度の改定を実施し，人事制度面では資格制度の主事・技士コースの一本化を，賃金制度については仕事給の一部見直しを行った（図表6－9を参照）[30]。

　この人事・賃金制度改定の取り組みは，1975年9月に行われた中央賃金委員会において，経営側が資格制度の一本化を1～2年間かけて検討することを表明したことからはじまった[31]。翌年の1976年12月の同委員会で経営側は成案を提出した。労使は慎重な協議を行い，翌年の1977年3月に合意した[32]。また1972年には，人の少数精鋭化と機械設備の効率的な活用に

図表6-9◆賃金制度改定の概要

【改定前】	【改定後】
本給	本給
仕事給	仕事給
能力加給	能力加給

（出典）筆者作成。

よる生産性向上を実現しつつ、高度な技能を有する技能者の処遇の向上を図ることを目的とした特別技能員制度が[33]、1973年には主任・主務・監督指導職仕事給に代わり、新たに管理・監督・企画職仕事給がそれぞれ導入された。管理・監督・企画職仕事給導入の概要については、1977年改定の仕事給の一部見直しと合わせて後述する。

2．人事制度の概要

　主事・技士コースを一本化した新しい人事制度は、①主事コースと技士コースの労働条件格差の解消、②労働力構成の高齢化、高学歴化への対応を主たるねらいとして導入され、この制度は資格制度と職掌区分から構成される[34]。

　資格制度は、賃金をはじめとする処遇を決める基本となる全社員共通の制度で、「理事」から「社員3級」までの11ランクから構成される（図表6-10を参照）。副参事以上が管理職相当資格、主事1級以下が一般者相当資格で、社員は学識、経験、技能および功績などに応じて資格に格付けされる[35]。

　職掌区分は、社員の配置、昇進などの人事管理上の必要性から職務内容に基づいて設定された区分である。同区分は「管理職掌」「事務技術職掌」「技能職掌」「特別職掌」の4職掌から構成され、さらに事務技術職掌は「事務職」と「技術職」に、技能職掌は「監督作業職」、「間接作業職」、および「直接作業職」にそれぞれ分かれる[36]。

3．賃金制度の概要

　基本賃金は本給、仕事給および能力加給から構成され、本給と能力加給は従来の仕組み（本給は学歴別初任給に資格別昇給額を積み上げる仕組み、

図表6-10◆人事制度の概要

資格制度	職掌区分		
理事	管理職掌		
参事1級			
参事2級			
副参事			
主事1級	事務技術職掌	技能職掌	特別職掌
主事2級			
主事3級			
主事補			
社員1級			
社員2級			
社員3級			

(出典) 電機労連 (1982)「東芝の賃金制度」『賃金資料－傘下組合の賃金制度－』pp.139-146をもとに作成。

能力加給は本給に資格別本給段階別加給率を乗じる仕組み) がそれぞれ引き継がれた[37]。また，仕事給については，従来の仕事の種類（職種）と程度（達成度）に応じた仕組みが基本的に引き継がれたものの，1964年の仕事給導入以降の技術革新の進展，機械設備の改善，作業内容・方法の見直し等による職務内容の変化の下で公平な処遇の維持を図るために，次の改定が行われた。

第1は，運用面の見直しであり，1976年には等級運用の見直しが，1977年には①格付け基準の一部改定，②職種転換・役職任命時の仕事給取り扱いの一部改定，および③技能職における指導員およびリリーフマンの取り扱いの見直しがそれぞれ行われた[38]。

第2は，技能職，事務・技術職に特別等級（通称「T等級」）が設置されたことである。特別等級は当該職種の第一人者，あるいは高度に専門化した者に対して適正な処遇を行うことを目的とした等級で，労働組合が技

術革新の進展に伴い変化した仕事内容と処遇の乖離に対応することを経営側に要求したことが，その背景にある[39]。労使は協議を重ねて，各職群の最高等級の上に1等級を上乗せすることで合意した。特別等級への格付けは，最高等級在任年数が3年以上で「技能度および専門性」で第一人者程度と認められた者のうち，「業務達成度」の努力度と遂行度が「抜群」と評価された者を対象に行われた[40]。

　第3は，主任・主務・監督指導職の仕事給に代わり，新たに管理・監督・企画職の仕事給が1973年に導入されたことである。新仕事給導入の主な背景には，旧仕事給が次の3つの問題点を抱えていたことがある。第1は，主任および監督職層の役職手当と仕事給の関連が不明確であったこと，第2は，班長には独自の仕事給がなく，技能職仕事給が仮に適用されたままであったこと，第3は，事務・技術職のAA職群の職責が組長や班長の職責と均衡しているとされていたため，処遇の公平性が欠けていたことである。そこで，東芝はこうした問題点を是正しつつ仕事給体系の簡素化を図るため，主任・主務・監督指導職の仕事給に事務・技術職仕事給のAA職群を加えた8等級からなる「管理・監督・企画職（通称「KK職群」）」の仕事給を新たに導入したのである[41]。

　図表6-11は，新仕事給の体系図を整理したものである。新仕事給は，大きく技能職，事務・技術職，管理・監督・企画職の3分野からなり，技能職は仕事の種類によってA職群，B職群，C職群，D職群，E職群の5職群に，事務・技術職はCs職群，Bs職群，As職群の3職群に，管理・監督・企画職は管理職，監督職，企画職の3職群に分かれる。さらに各職群は習熟度によって，3〜7ランクの等級に分かれている（見習を除き，T等級を含む）。技能職，事務・技術職の上位等級はそれぞれ監督職と企画職の等級に，監督職と企画職の上位等級はそれぞれ管理職の等級に接続している。たとえば，技能職ではA職群とB職群の上位等級は監督職2等級に，

第6章　年功賃金と仕事賃金の並立期（1960年代〜1990年代）　　145

図表6-11◆仕事給の全体像

■管理・監督・企画職

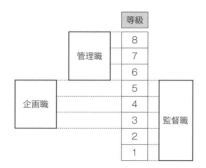

■事務・技術職と技能職

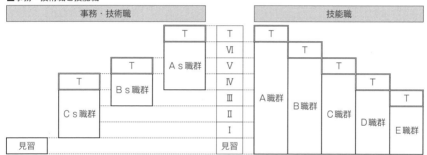

（注1）管理・監督・企画職の8等級は非組合員扱いなので，平均賃金原資には含まない。
（注2）技能職，事務・技術職の「T」は特別等級である。
（注3）技能職には見習等級が含まれている。
（出典）東芝労働組合賃金対策部（1977）『東芝の賃金関係規程・規則集』p.60を一部修正。

C職群以下の上位等級は監督職1等級に，事務・技術職ではAs職群の上位等級は企画職3等級にそれぞれ接続している[42]。

第3節　仕事給見直しを目的とした賃金制度の改定（1986年）

賃金制度は1964年以降，部分的な修正が行われてきたものの，基本的な

骨格は維持されてきた。しかし，安定成長期に入り企業経営を取り巻く環境が変化するなかで，矛盾が大きくなってきた。とりわけ，労務構成の高齢化・高学歴化が進み，技術の高度化と組織の合理化により仕事内容が変化し，事務・技術職社員が増大したことが，既存の賃金制度による公平な処遇を維持することを難しくした[43]。こうした状況を受けて，経営側は1985年9月の中央賃金委員会において賃金制度の改定案を提案した[44]。これに対して労働組合は，賃金制度改定の必要性を認めた上で，部分的な修正を要求するとの立場になって改定交渉に臨んだ[45]。56歳前後の処遇の扱いについて主張の違いがみられたものの[46]，労使は同年8月の中央賃金委員会で合意に達し，10月1日に賃金制度改定が行われた[47]。

この改定の目的は，基準賃金項目の構成の簡素化と職務遂行能力，成果，業績中心の処遇の実現であり，図表6-12は賃金制度改定の全体像を整理したものである。従業員の基本賃金は「本給」と「仕事給」からなり，今回は次の改定が行われた[48]。第1は，基本賃金に占める本給比率をそれまでの3分の4倍に拡大したことである。なお，本給の決定の仕組みは，学歴別初任給に資格別昇給額を積み上げる従来の仕組みが引き継がれた。第2は，能力加給の廃止と仕事給への統合であり，新仕事給は資格要素を加味した仕組みに改定された。

新仕事給は，仕事等級と資格ランクによって定められた金額が支給され

図表6-12◆賃金制度改定の概要

【改定前】	【改定後】
本給	本給
仕事給	仕事給
能力加給	

(出典) 筆者作成。

第6章　年功賃金と仕事賃金の並立期（1960年代〜1990年代）　*147*

る仕事等級別資格別定額給である[49]。賃金表は大きく「KK」「KS」，および「一般」の3分野に分かれ，KKは管理職の，KSは監督・企画職の，一般は技能職，事務・技術職にそれぞれ対応している。図表6-13は仕事給の体系図を整理したものである。仕事給は大きく技能職，事務・技術職，管理・監督・企画職の3分野からなり，技能職は仕事の種類によってA職群〜E職群の5職群に，事務・技術職はCs職群，Bs職群，As職群の3職群に，管理・監督・企画職は管理職（通称「KS職群」），監督・企画職（通称「KK職群」）の2職群に分かれ，さらに各職群は，習熟度によって4〜11段階の等級に分かれている。技能職，事務・技術職の上位等級はそれぞれ監督職と企画職に，監督職と企画職の上位等級は管理職の等級にそれぞれ接続している。

こうした新仕事給と旧仕事給との主な違いを整理すると，次の3点である[50]。

第1は賃金の決め方であり，仕事の種類（職種）と程度（達成度）に応じた仕組みに資格段階が加味された。これは能力加給の廃止と仕事給への統合に伴う見直しであり，柔軟な人員配置を可能とすることがその背景にある。

第2は，事務・技術職および技能職の仕事等級数の増加である。等級数はそれまでの7等級から4等級増えて11等級となり，合わせてT等級が11等級のなかに統合された。これは，技術革新による仕事内容や職場環境の変化，労務構成の高学歴化などに対応して処遇の適正化を図るためである。

第3は，監督・企画職の仕事等級数の再編である。監督職はそれまでの5等級から1等級削減されて4等級となった。これは，C・D・E職群の上位等級がKK職群の1等級に，A・B職群の上位等級がKK職群の2等級にそれぞれ接続していたのを，職群にかかわらずKK職群の1等級に接続するようにしたためである。一方，企画職の等級数は1等級増加した。監

督職の等級数と一致させて処遇の公平性を確保するためである。

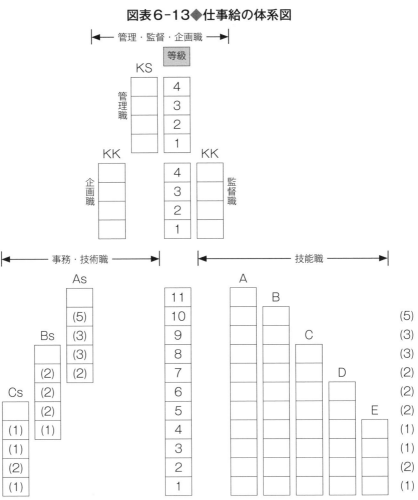

図表6-13◆仕事給の体系図

（注1）（　）内は，経験年数により昇級を行う最長滞留年数。
（注2）①職務遂行能力および達成度による昇級（等級昇級）：4月1日付け
　　　　②資格昇格による昇級（資格昇級）　　　　　　　：7月1日付け
（注3）技能職，事務・技術職の見習等級は含まれていない。
（出典）東芝労働組合賃金対策部（1987）『東芝の賃金関係規程・規則集』p.13を一部修正。

第6章　年功賃金と仕事賃金の並立期（1960年代～1990年代）

❖注
1　梅原志朗（1977）「東芝の賃金体系と中高年層の問題」『賃金と社会保障』No.720。
2　東京芝浦電気株式会社編（1977）『東芝百年史』pp.221-225。なお，1973年に一部見直しが行われ，新たに管理・監督・企画職（ＫＫ職群）の仕事給が新設された。詳しくは本章第2節を参照のこと。
3　元々，1955年以降の交渉から経営側は「属人的な本給と職能による作業給の二頭立ての馬車にしたい。」と主張していたが，労働組合は「賃金は仕事によって決められるべきものであるが，会社のいう職能的なものには応じられない」と反対していた。しかしながら，1959年春闘において高位の資格層の作業給に資格別定額給を加えたことで賃金に職能給的性格が含まれるようになったことから，1960年以降，技能職役職制度の統一整備，資格制度運用の改善，高卒者の技能職採用の実施，臨時工登用制度の大幅改善など，人事制度面の整備が進められた。こうした経営側の取り組みに対して，労働組合でも賃金行動綱領を討議する過程から賃金体系の検討を進め，1964年2月に「年功序列型賃金から脱皮し，仕事の質と量に基準を置く賃金体系＝職種別熟練度別賃金の確立に向かって努力する。」という大きな方針を策定した。こうした労使双方の現行の人事・賃金制度に対する地道な検討が進められていたため，改定に前向きな姿勢が労働組合に見られていた（電機労連賃金対策部〔1982〕『賃金資料＜特別号＞』p.62）。
4　電機労連賃金対策部（1982）『賃金資料＜特別号＞』p.62。さらに，1965年8月には技術革新の進展，経営機能の高度化に伴う高度の知識，技能経験を駆使したその分野の専門家として一般的管理業務から離れ自ら特定業務を遂行する者に対して，役職者（管理監督者）に準ずる処遇を行うことを目的とした専門職制度が導入された。同制度の概要は東芝労働組合賃金対策部（1967）『東芝の賃金関係規程・規則集』pp.20-21，東芝労働組合連合会（1969）『東芝労連ニュース』No.33（昭和44年1月13日）を参照のこと。
5　東芝労働組合連合会（1969）『東芝労連ニュース』No.33（昭和44年1月13日）。その概要は次の3点である。第1に，技能職・役職制度を改め，従来の「職長－組長－班長－作業員」のランクを，新設した「製造長」を製造課長に，班長を「作業長」と呼称変更して製造長にそれぞれ直結させる方向に変更し，新たなランクは「課長－製造長－作業長－作業員」とする。第2は，製造長の組織上の位置づけは現行の製造ライン主任と同一とする。第3は，製造長の基本機能は日常の作業管理と労務管理の2つを柱とし，課長（部長）の指揮命令で作業長，作業員を統率して製造作業を指揮監督する。なお，製造長の任命基準は，製造長候補者教育を受けたのち適格者として認定された者とし，処遇については，①資格上の取り扱いは「主事コース」，②職務分類は

「管理職掌」，③組合員資格は「非組合員」とする。
6 　金属労協顧問・梅原志朗氏インタビュー（2012年12月5日）（田口和雄・鈴木誠〔2013〕『梅原志朗オーラルヒストリー』所収）。長らく身分差撤廃が行われていなかった理由として，梅原氏は次「の点を指摘している。第1は，資格制度に関する労使協議の取り扱いである。工員の資格制度は中央労使協議会付議事項であったのに対し，職員の資格制度は会社側の専権事項で労働組合が関与できなかった。第2は，身分・資格制度の資料の取り扱いである。身分・資格制度に関する資料は労働組合が保管し，組合員全員に配られていなかったため，その仕組みが組合員に十分に理解されず，身分差に対する認識が他社に比べて低かった。第3は，労働組合執行部の役員構成である。東芝労組執行部には，工員出身者だけではなく，職員出身者も多く選出されており，工員，職員間の対立がなく，協力関係であったことである。とくに第1の職員の資格制度の取り扱いの壁は大きく，東芝労組はその是正に腐心していた。
7 　東芝労働組合連合会（1964）『東芝労連新聞』第148号（昭和39年5月20日）。
8 　特別職掌は勤務様態に応じて事務・技術職掌または技能職掌に編入された（東芝労働組合連合会〔1964〕『東芝労連新聞』第148号〔昭和39年5月20日〕）。
9 　主事コースと技士コースとの間の資格変更は能力や適性に応じて実施する（東芝労働組合連合会〔1964〕『東芝労連新聞』第148号〔昭和39年5月20日〕）。
10 　これは後述する各資格の在任年数の設定の違いによるものである（東芝労働組合連合会〔1964〕『東芝労連新聞』第148号〔昭和39年5月20日〕）。
11 　東芝労働組合連合会（1964）『東芝労連新聞』第148号（昭和39年5月20日）。
12 　東芝労働組合連合会（1964）『東芝労連新聞』号外（昭和39年5月27日）。
13 　労務行政研究所（1965）「"職務給でも職能給でもない"新賃金制度－東芝の創設した「仕事給」制度の経緯とその全貌－」『労政時報』第1818号。初任給は学歴別に設定されていたが，高校卒業者はさらに性別に分けられていた。その後，1971年度採用者から高校卒業者の初任給は統一された（東芝労働組合賃金対策部〔1977〕『東芝の賃金関係規程・規則集』p.208）。
14 　産業労働調査所（1970a）「職種評価を経て賃金を決定した東芝の仕事給」『賃金実務』No.166。
15 　産業労働調査所（1970a）「職種評価を経て賃金を決定した東芝の仕事給」『賃金実務』No.166。
16 　職種分類による技能職の職種は約400職種にのぼり，このうち全国24工場に共通して存在する代表的な職種20職種を「代表職種」とし，これを基準に全体の職種を評価した（産業労働調査所〔1970a〕「職種評価を経て賃金を決定した東芝の仕事給」『賃金実務』No.166）。
17 　なお，職種評価の対象職種は，直接技能職掌（組長以上の監督職を除く），

間接技能職掌（試験，検査，実験，記録，分析，製図，プリント，運搬等），および特別職掌（キーパンチャー，タイピスト，電話交換手，運転手等）である（産業労働調査所〔1970b〕「東京芝浦電気の仕事給制度」『賃金実務』No.175）。

18　なお，導入初年度については移行に伴う特別扱いとして「習熟年数＝経験年数」とした（産業労働調査所〔1970b〕「東京芝浦電気の仕事給制度」『賃金実務』No.175）。

19　社内配転の取り扱いについては，途中入社と同じように社内前歴を換算して格付けされるが，異職種の場合であっても，その経験年数の70％を最低限の換算基準とした（産業労働調査所〔1970b〕「東京芝浦電気の仕事給制度」『賃金実務』No.175）。

20　技能係数は，事務・技術職仕事給の導入に伴い，後述の職能係数に対応して1972年に新たに加えられた係数である。Ⅲ等級までは，職歴年数，職種係数，勤務係数で，ある一定の年数が経過すれば自動的に昇格できる仕組みになっており，Ⅳ等級以上の技能係数が加味されると，理論的には等級が2段階上がることになるが，実際には，Ⅳ等級以上への昇格には能力が重視されること，組合員間の昇格格差の拡大を懸念する労働組合の意向により，運用面で，ある年に等級が2段階上がるのではなく，毎年1段階上がる対応が行われている。なお，事務・技術職仕事給の「職能係数」の扱いも同様である（労務行政研究所〔1967b〕「東芝の仕事給制度（事務・技術職）」『労政時報』第1909号）。

21　逆に，現在格付けされている等級の仕事が十分にこなせないと判断された場合は，1つ下の等級に降級させられた（労務行政研究所〔1965〕「"職務給でも職能給でもない"新賃金制度－東芝の創設した「仕事給」制度の経緯とその全貌－」『労政時報』第1818号）。

22　導入当初，初任格付けに反映される経験の割合は職群によって異なり，A，B，C職群は「100％」，D，E職群は「70％」としていたが，1967年にD，E職群も「100％」に改訂された（東芝労働組合賃金対策部（1977）『東芝の賃金関係規程・規則集』pp.39-40）。

23　A，B，C職群には主に工業高校出身者が，D，E職群には主に女子高校出身者が格付けされた（労務行政研究所〔1965〕「"職務給でも職能給でもない"新賃金制度－東芝の創設した「仕事給」制度の経緯とその全貌－」『労政時報』第1818号）。しかしながら，1967年にはD，E職群も1年間の見習後はA，B，C職群と同じⅡ等級2年度に格付けされた（産業労働調査所〔1970a〕「職種評価を経て賃金を決定した東芝の仕事給」『賃金実務』No.166）。

24　産業労働調査所（1970a）「職種評価を経て賃金を決定した東芝の仕事給」『賃金実務』No.166。

25　なお，職種評価の対象となった職種は，直接技能職掌（組長以上の監督職を除く），間接技能職掌（試験，検査，実験，記録，分析，製図，プリント，運搬等），および特別職掌（キーパンチャー，タイピスト，電話交換手，運転手等）である（産業労働調査所〔1970b〕「東京芝浦電気の仕事給制度」『賃金実務』No.175）。

26　その詳細は労務行政研究所（1967b）「東芝の仕事給制度（事務・技術職）」『労政時報』第1909号を参照のこと。

27　実際の運用では例外的に一段下げることもあった。これは協定文書を作成する際，経営側は「上下一段階」という言葉を使っていたが，協議の最終段階で一段下げる表現を削除する代わりに「原則として」の言葉を盛り込み「原則として上位一段」という表現となり，運用面で一段下げられるようにした（労務行政研究所〔1967b〕「東芝の仕事給制度（事務・技術職）」『労政時報』第1909号）。

28　東芝労働組合連合会（1968）『東芝労連ニュース』No.117（昭和43年4月15日），および東芝労働組合（1972）『東芝労組ニュース』No.72（昭和47年3月6日）。

29　東芝労組30年史編纂委員会編（1981）『東芝労働組合30年運動史』pp.322-323。

30　東芝労組30年史編纂委員会編（1981）『東芝労働組合30年運動史』p.363。

31　東芝労働組合（1975）『東芝労組ニュース』No.61（昭和50年9月30日）。

32　東芝労働組合（1977）『東芝労組ニュース』No.39（昭和52年3月30日）。

33　同制度は，監督職を除く技能職の従業員を対象に，1職種のみではなく，A, B職群V等級以上の特定の複数職種にわたり高い技能を有する従業員を「特別技能員」として認定し，その技能度の発揮に対して賃金上の処遇が行われた。特別技能員の認定基準は，以下の4つの認定要件に基づいて組み合わされた職務を遂行できる技能度を有することであり，各事業場が職級定義書に基づいて判定した。

　①当該複数職種を遂行する際に要求される知識・技能が系列的に異種のものであること。

　②当該複数職種のいずれについても「V等級」以上の技能度を必要とすること。

　③原則として当該職場内に，当該複数職種のいずれについても仕事給職種格付け者が存在すること。

　④上記①〜③による職種の組み合わせを行うことにより，当該職場において生産性向上などの効果が期待できるなど，業務上の必要性があること。

　処遇については，認定された特別技能員が本来の格付け職務（本来職務）以外に，認定を受けた他の職務（兼務職務）に1日4時間以上従事した日が1ヶ月（1給与締切期間）に7日以上あった場合，月額2,000円が仕事給に付

加して支給された。なお,特別技能員が本来職務から離れ,兼務職務に継続して6ヶ月以上を超えて従事した場合には,7ヶ月目以降は職種変更が行われた。また,付加して支給される金額は賞与計算等における基礎給の対象外とした(電機労連〔1982〕「東芝の賃金制度」『賃金資料－傘下組合の賃金制度－』pp.112-113)。

34 東芝労働組合(1977)『東芝労組新聞』号外(昭和52年4月26日)。
35 電機労連(1982)「東芝の賃金制度」『賃金資料－傘下組合の賃金制度－』pp.139-140。
36 電機労連(1982)「東芝の賃金制度」『賃金資料－傘下組合の賃金制度－』pp.143-144。
37 ただし,それまで男女別に分かれていた基幹昇給ライン区分が1976年に一本化された(東芝労働組合〔1975〕『東芝労組新聞』号外〔昭和51年4月26日〕)。
38 1976年に実施された等級運用の一部改定は以下の3つであった。
　①職務内容の拡大に伴い,製造長制度とリンクするため,3等級までの格付けになっていた作業長を,4,5等級まで昇級できることを可能とする。
　②企画職のうち,主事2級でなくても対応する業務を行う者については5等級への,技士2級,3級でない組長でも,4,5等級への昇進を可能とする。
　③これまで組長対応のみとしていた技長を,1～5等級対応に拡大し,作業長対応の技長格付けを可能とした。
1977年改定の格付け基準の一部改定の主な点は以下の3つであった。
　①6等級のうち,昇級が適当と判定された者については,達成度により7等級に昇級させる。
　②本改定に伴い,AおよびB職群の作業長,班長,技長で現在1等級に格付けされている者については,経過措置として2等級に格付けする。
　③8等級を新設する。
職種転換・役職任命時の仕事給取り扱いの一部改定は,次のとおりであった。給与締切期間の途中において,職種転換・役職任命時により等級が変更となる場合は,変更日にかかわらず当月より,変更後の等級の賃率で支給する。ただし,Ⅷ等級からの降級者については,翌月から変更後の賃率で支給する(電機労連〔1982〕「東芝の賃金制度」『賃金資料－傘下組合の賃金制度－』pp.128-129)。

技能職における指導員およびリリーフマンの取り扱いの見直しは次のとおりである。指導員は各事業場の必要性に応じて指導員等の呼称を用いることにし,任命にあたっては特別等級格付けに相応しい者を対象とする。また,リリーフマンについては,リリーフ職の実態が形態,職務内容においても多

種多様であったため，業務上独立してリリーフ職を専門として行う「リリーフ専門職」と「リリーフ専門職以外のリリーフ職」とにわけて取り扱うことにし，リリーフ専門職は「C職群」に，リリーフ専門職以外のリリーフ職は現行通りに「特別等級」に吸収する（電機労連〔1982〕「東芝の賃金制度」『賃金資料－傘下組合の賃金制度－』p.111およびp.124）。

39 東芝労働組合（1975）『東芝労組新聞』号外（昭和50年1月13日）。
40 電機労連（1982）「東芝の賃金制度」『賃金資料－傘下組合の賃金制度－』p.111およびp.124。
41 電機労連（1982）「東芝の賃金制度」『賃金資料－傘下組合の賃金制度－』pp.128-129。主任・主務職の名称は管理職に，AA職群の名称は企画職にそれぞれ変更された。
42 製造長制度導入は各事業場一斉に行われたのではなく，段階的に実施されたため，格付け基準には旧役職制度の「職長－組長－班長」が使用されている（東芝労働組合〔1971〕『東芝労組新聞』号外〔昭和46年10月18日〕）。
43 東芝労働組合（1984）『東芝労組ニュース』第23の11（昭和59年10月29日号）。
44 東芝労働組合（1985）『東芝労組ニュース』第23の74（昭和60年10月18日号）。
45 代表的な要求の1つが，本給比率の拡大である（東芝労働組合〔1985〕『東芝労組ニュース』第23の74〔昭和60年10月18日号〕）。
46 東芝労働組合（1985）『東芝労組ニュース』第23の86（昭和60年11月14日号）。労使交渉の結果，56歳以降の賃金体系は55歳までの一般者と同じ体系とするものの，本給昇給は基幹昇給のみとし，その水準は資格別基準額の4分の1を目途に，一般者と同じ昇給査定で実施する。仕事給は職群ごとに設定されている基準に基づいて行う。具体的には，以下のとおりである（東芝労働組合賃金対策部〔1987〕『東芝の賃金関係規程・規則集』pp.111-112）。
　　①管理職（KS職群）：原則としてKK職群4等級とする。
　　②監督職（KK職群）：見直し後に従事する職群の最高等級とする。ただし，監督職の満56歳到達時に伴い，仕事給再格付けがC職群以下となる場合でも，過去に蓄積された高度な専門技能を活用することが期待できる場合には10等級とする。
　　③企画職（KK職群）：見直し後に従事する職群の最高等級とする。ただし，現格付け等級を上回らないこととする。
　　④事務技術職・技能職：原則として満56歳到達時の格付けによる。
47 東芝労働組合労働政策部（1996）『東芝の賃金関係規程・規則集』p.3。
48 全日本金属産業労働組合協議会（1995）「東芝」『賃金体系と処遇制度』p.64，および金属労協顧問・梅原志朗氏へのインタビュー（2007年4月13日）
49 東芝労働組合労働政策部（1996）『東芝の賃金関係規程・規則集』p.8。
50 東芝労働組合（1985）『東芝労組ニュース』第23の74（昭和60年10月18日号）。

第7章 能力・成果主義賃金への段階的移行期（2000年以降）

第1節　カンパニー別処遇制度の導入（2000年〜2003年）

1．制度改定の概要

　バブル経済崩壊以降の右肩上がりの経済成長の終焉，市場の急激なボーダレス化，情報通信技術の進展など，経営環境は大きく変化した。こうしたなかでグローバル競争に勝ち抜くため，東芝は経営資源の選択と集中，企業間の戦略的連携等による事業の再構築，情報通信技術等の活用によるコスト競争力の強化などに取り組む一方，製品の高付加価値化による国際競争力強化を進めた[1]。とりわけ，情報通信技術の進展に伴う業務内容の変化は，従業員の仕事の進め方や成果の現れ方・測り方に変化をもたらし，公平な処遇の維持を難しくさせた[2]。

　こうしたことを背景にして，東芝は公平で納得性の高い能力・成果主義を実現する制度の構築を目指して，人事・賃金制度の改定を2000年4月1日に[3]，全社共通の処遇項目に関する改定を2002年10月1日に，カンパニー別に決定する処遇項目に関する改定を2003年4月1日に，それぞれ実施した。これら一連の制度改定に関わる主要な点は，人事制度についてはコース制度の導入，資格制度についてはランク数の削減，賃金制度については，コースに応じて決定する基準賃金の複線化であった。

　今回の一連の制度改定への取り組みは，1998年12月9日に開催された臨時中央労使協議会において，経営側から「改定に向けての基本的考え方」が提案されたことからはじまった[4]。経営側の提案に対して労働組合側は反対しないものの，提案内容が人事・賃金制度の全面的な改定を伴うもの

第7章　能力・成果主義賃金への段階的移行期（2000年以降）　　*157*

であるため，経営側との交渉を慎重に進めた[5]。労使は臨時中央労使協議会，労働協約小委員会，中央賃金小委員会などの多岐にわたる協議を経て，2000年2月に合意した[6]。

つづくカンパニー別処遇制度導入への取り組みは，2002年6月に開催された第2回中央労使協議会で，経営側から「カンパニー別処遇制度導入」が提案されたことからはじまった[7]。こうした経営側からの提案に対して，労働組合側は反対しなかった。その理由は，社内カンパニーごとの制度を構築することが，同社の成長，組合員の雇用確保と労働条件の維持・向上につながると判断したからである[8]。労働組合は経営側との協議を進め，翌2003年1月に合意した。

2．人事制度の概要

人事管理の骨格となる職掌区分と資格制度は，40年近くの間，維持されてきたが，いくつかの問題を抱えるようになり，その代表が資格制度であった。情報通信技術の進展に伴う業務内容の変化は，事務・技術職掌の従業員を中心に，個人の裁量で仕事を進める機会が多くなる等，従業員の仕事の進め方や成果の現れ方に変化をもたらした。そのため，従来型の仕事の進め方等を前提に設計されている単線型の資格制度では，全従業員を公平に処遇することが難しくなった。こうした変化に対応するために以下の改定が行われ，図表7-1に示す人事制度が新たに導入された。

第1は，コース制度の導入である。これは仕事の進め方と成果の現れ方の違いに応じて，非組合員の管理職を対象とした「理参事コース」，組合員の一般者を対象とした「Aコース」「Bコース」の3つのコースを設け，資格，基準賃金および勤務制度をコースによって複線化するというものであった。図表7-2は各コースの概要をまとめたもので[9]，そのなかから，

図表7-1◆人事制度の概要

資格制度		職掌区分		
理事・首席技監・首席主監		経営職掌		
上席参事				
参　　事				
副参事				
A4	B2	事務技術職掌	技能職掌	特別職掌
A3	B1			
A2				
A1				

（理参事コース）は上席参事～理事、（Aコース）はA1～A4、（Bコース）はB1～B2。

(出典) 東芝労働組合労働政策部（2004）『東芝の賃金関係規程・規則集』p.93, およびp.99 をもとに作成。

本書に関わる組合員を対象とした2つのコースの違いを確認する。Aコースは従来の時間管理、勤務制度などによって従業員管理を行うコースであるが、Bコースは裁量労働と成果に基づく評価で従業員管理を行う、新たに設定されたコースである。図表7-3にあるように、Aコース、Bコースの違いはいわゆるホワイトカラーとブルーカラーといった区分ではなく、「業務指示の内容」と「業務の遂行方法」による区分である。つまり、Aコースは上司から「具体的」な業務の指示を受けて、「上司の命令」によって業務を遂行するコースであるのに対し、Bコースは「包括的」な業務の指示の下で、「本人の裁量」によって業務を進めるコースである。そのため、各コースの対象者、賃金構成、勤務制度は異なっている[10]。たとえば対象者についてみると、Aコースは組合員全員としているのに対して、Bコースは一部の組合員（資格A4，A3で後述の基準を満たした者）としている[11]。賃金構成は基礎給が両者に共通しているものの、それ以外はAコースが職能給と職務給からなるのに対して、Bコースは職能給一本である。さらに勤務制度は、Aコースが従来の普通勤務、フレックスタイム

第7章 能力・成果主義賃金への段階的移行期（2000年以降）

勤務，交替勤務であるのに対し，Bコースは新たに導入された「ACEワーク（Advanced Creative & Efficient Work）」である。ACEワークは1日30分出社すればよい裁量労働制をとり，コアタイムは設定されていない[12]。

Bコースへのコース変更は原則として毎年10月1日付けで実施され，前

図表7-2◆コースの定義

コース	定義
理参事コース	経営に関する重要な権限と責任を有する管理的職務，ならびに経営に関する重要な成果領域を自ら遂行する専任的・専門的職務を遂行している副参事以上の従業員のコース。
Aコース	主として，予め定められた手順や具体的指示に基づき業務遂行する組合員・従業員のコース。
Bコース	主として，大綱的・包括的指示に基づき，自らの判断によって主体的・効率的に業務遂行する組合員・従業員のコース。

（出典）東芝労働組合労働政策部（2004）『東芝の賃金関係規程・規則集』p.94，および東芝労働組合（2005）『TOUCHニュース』2198号をもとに作成。

図表7-3◆各コースと関連諸制度との関連

職掌	事務技術職掌・技能職掌・特別職掌	
コース	Aコース	Bコース
資格	A4 A3 A2 A1	B2 B1
給与	＜一般給与体系＞ ・基礎給 ・職能給 ・職務給 ・勤務地加算	＜一般給与体系＞ ・基礎給 ・職能給
勤務	・普通勤務 ・フレックスタイム勤務 ・交替勤務	・ACEワーク

（出典）全日本電機・電子・情報関連産業労働組合連合会（2001）「東芝の賃金制度」『中闘組合の賃金制度【第2集】』p.89。

述したように資格「A3」以上の者で，前掲図表7-2に示すBコース定義に基づき，①会社が適当と判断し，本人が同意した者，②本人が希望し，会社が認めた者が対象となる。なお，必要がある場合は4月1日にコース変更を行うこともある。また，BコースからAコースへの変更は，Bコースへの変更と同様に原則として毎年10月1日付けで実施され，Aコースの定義に基づき，①会社が適当と判断した場合，②本人が希望した場合，とされている。なお，必要がある場合には随時，コース変更が行われる[13]。

第2は，コース制度の導入に合わせた資格数の削減と資格の新設である[14]。まず一般職の資格数が7ランクから4ランクに削減された上で，Aコースには「A4」から「A1」の4資格が，Bコースには「B2」と「B1」の2資格が，それぞれ新設された。その結果，全社員共通の資格制度は，前掲図表7-1に示すように「理事・首席技監・首席主監」から「A1」までの8ランクから構成され，副参事以上が管理職資格，A4，B2以下が一般者資格となった[15]。一般者資格の新しい資格別職務遂行能力基準は，大きく「課題解決力」「人間力」「専門性」の3つの分野からなる[16]。なお，旧制度から新制度への移行は，図表7-4に示すように以下の方法で行われた[17]。

①新資格「A4」は，①全資格のKS職群の者，②56歳到達に伴い主任の役割を免じられた者。

②新資格「A3」は，(a) 全資格のKK職群の者，(b) 主事2級以上の一般職の者

③新資格「A2」は，主事3級・主事補の一般職の者。

④新資格「A1」は，社員1級以下の者。

第3は，職掌区分の見直しである[18]。これまでの管理職掌が経営職掌に名称変更されるとともに，事務技術職掌における「事務職」「技術職」の区分，技能職掌における「監督作業職」「間接作業職」「直接作業職」の区

図表7-4 ◆資格制度の移行措置

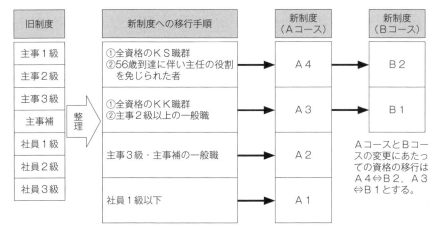

(出典) 東芝労働組合 (1999)『第239回中央委員会議案書』を一部修正。

分が廃止された。

3. 賃金制度の概要

コース制度の導入に伴い，一般者全員に同じ基本賃金を適用していた賃金制度は全面的に改定され，図表7-5のようにコースに応じて複線化された[19]。以下では，一連の改定が行われた後の賃金制度を取り上げる。

Aコース社員の基本賃金は「基礎給」「職能給」「職務給」から，Bコース社員は「基礎給」と「職能給」から構成される。基礎給は，年齢に応じて期待される能力伸長と，年齢に応じた生計的要素によって決まる年齢別定額給である。個人には，4月1日現在の実年齢をもとに年齢別に設定された金額が支給される[20]。

職能給は職務遂行能力と成果に応じて決まる賃金で，「職能給定額部分」と「職能給加算部分」から構成される[21]。職能給定額部分は職務遂行能力

図表7-5◆賃金制度改定の概要

【改定前】		【改定後】
本給 / 仕事給	Aコース	基礎給 / 職能給 / 職務給
	Bコース	基礎給 / 職能給

（出典）筆者作成。

に応じて決まる資格別定額給で，Aコース社員の場合には資格別に設定された金額が，Bコース社員の場合には資格別・職種別に設定された金額が支給される[22]。職種の内訳は，職務給職群定義書にある職種分類が用いられている[23]。一方の職能給加算部分は，成果に応じて処遇する積み上げ方式の資格別評価給で，資格に対応して設定された賃金レンジ内で成果に応じて決まる形態をとっている。昇給額は5段階評価（E3，E2，E1，A，B）の考課結果に応じて設定されているが，①考課が「A」，「B」の場合には昇給が行われない，②同一資格同一評価でも，職能給加算部分が高くなるほど昇給額が小さくなるように工夫が施されている。すなわち，②について同一資格内に2段階の加算上限額が設定されており，加算上限額を超えると同一評価でも昇給額が小さくなる。同一資格内における昇給の頭打ちを防ぐことが，その背景にある[24]。また，昇給額はカンパニー別に設定されていることから，同一資格同一評価の従業員でも支給される金額が異なる[25]。なお，考課は過去1年間の「成果」「姿勢」「能力」とともに「将来の期待度」を勘案して決定される[26]。

仕事給に代わり新たに導入された職務給は，従事する職務の「レベル」

第7章　能力・成果主義賃金への段階的移行期（2000年以降）　*163*

と「達成度」に応じて決まる賃金で，個人には職群別等級別に設定された金額が支給される[27]。主な改定点は，第1に，事務技術職と技能職に区分されていた仕組みが一本化されたこと，第2に，一般職の等級ランクが12ランクから13ランクに変更されたことである[28]。これまでの仕事給から新

図表7-6◆仕事給から職務給への移行手順

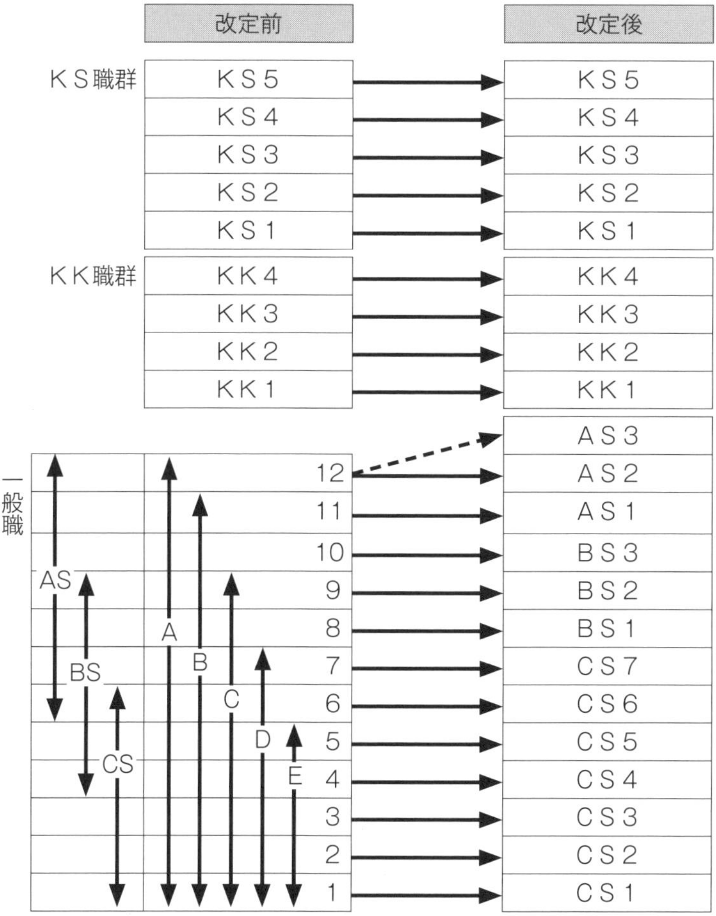

	改定前	改定後
KS職群	KS5	KS5
	KS4	KS4
	KS3	KS3
	KS2	KS2
	KS1	KS1
KK職群	KK4	KK4
	KK3	KK3
	KK2	KK2
	KK1	KK1
一般職	12	AS3
		AS2
	11	AS1
	10	BS3
	9	BS2
	8	BS1
	7	CS7
	6	CS6
	5	CS5
	4	CS4
	3	CS3
	2	CS2
	1	CS1

一般職の改定前欄には左側に AS, BS, CS の範囲区分，および A, B, C, D, E の区分が示されている。

（注）　2004年度の全社標準制度の水準。
（出典）　東芝労働組合（2000）『第240回中央委員会議案書』を一部修正。

職務給への移行は,図表7-6に示す方法で行われた。

等級の格付けは,図表7-7に示すように,職群ごとに設定されている職群格付けの方法に基づいて行われる。つまり,KS職群（KS職群とKK職群）の等級格付けと昇級決定は役職任命によって,CS職群の等級格付

図表7-7◆職群・等級体系および職群格付け

職群	等級	職群格付け	
		事務技術職掌	技能職掌
KS	5	役職任命による	役職任命による
	4		
	3		
	2		
	1		
KK	4	職群定義による（全職種共通）	
	3		
	2		
	1		
AS	3		職群定義による（職種ごとに定義）
	2		
	1		
BS	3		
	2		
	1		
CS	7		
	6		
	5		
	4		
	3		
	2		
	1		

（注）　2004年度の全社標準制度の水準。
（出典）東芝労働組合労働政策部（2004）『東芝の賃金関係規程・規則集』p.10を一部修正。

けと昇級決定は職群定義の達成度に経験年数を加味して行われる[29]。

第2節　戦後の賃金制度の変遷を整理する

　第Ⅱ部で分析してきた東芝における戦後の賃金制度の変遷を整理すると，以下のようになる。

　戦後復興期の第1期では，日本経済の再建・復興が進められるなかで，生産活動の拡大と売上高の増大を促す賃金制度を設計する必要があった。そこで，生産量，売上高と賃金を結びつけるとともに，それらの実現に向けて従業員の職場集団（団体）への参画意識を高めるために，団体能率給である増産奨励金が重視された。しかし他方では，戦後の不安定な経済情勢のなかで従業員が安心して生産活動に専念できる条件を整えることも求められ，それを実現するための安定的な賃金要素も必要とされた。そこで，戦時中の賃金統制の下で形成された年功によって賃金を決める本給が踏襲され，さらにその拡大が図られた。人事制度については戦前の身分・資格制度が踏襲されたが，工員については工場ごとに設けられた資格制度が，1952年の改定で全社統一の制度に再編された。

　第2期の高度経済成長期に入ると，技術革新の進展，組織の合理化，高学歴化による従業員構成の変化などにより，身分制的な人事制度，属人的要素の強い賃金制度では公平な処遇を維持することが難しくなっていた。そこで，1964年から技能職掌と事務技術職掌に，仕事の「種類（職種）」と「程度（達成度）」に応じて賃金を決める仕事給が段階的に，さらに作業給に代わり，能力に応じて賃金を決める能力加給が新たに導入された。一方，身分制廃止により，社員格付け制度については全社員共通の職能基

準に基づく資格制度が，社員区分制度については，従業員を管理職掌・事務技術職掌・技能職掌等に区分し，事務技術職掌と技能職掌に対応して主事コースと技士コースを設ける制度が導入された。

オイルショックを契機として日本経済が安定成長期へと大きく転換するなか，技術革新の進展，従業員の価値観の多様化，組織の合理化などに対応するために能力・成果を賃金に反映させることが重視された。1977年改定では仕事給の一部見直しが，1986年改定では能力加給の廃止と仕事給への統合が行われ，新仕事給は資格要素を加味した賃金要素に改定された。なお，人事制度については1977年に主事コースと技士コースの一本化が行われた。

バブル崩壊以降の第3期には，右肩上がりの経済成長の終焉，市場の急激なボーダレス化，情報通信技術の進展など，経営環境は大きく変化した。こうしたなかでグローバル競争に勝ち抜くため，賃金制度は能力・成果と賃金の結びつきを強める方向で全面的に改定され，基礎給，職能給，職務給から構成される形態となった。とくに職能給の職能給加算部分は資格別評価給とも呼ばれ，資格に対応して設定された賃金レンジ内で成果に応じて昇給する形態をとるとともに，レンジ内の昇給額は職能給加算部分が高いほど昇給額が小さくなるように設定された。また，この加算部分はカンパニーの業種・業態，職種に応じて設定され，同一資格同一評価の従業員でも支給金額が異なる仕組みとなっている。なお，人事制度については，仕事の進め方と成果の現れ方に応じて資格・賃金制度および勤務制度を定める人事管理の複線化を目指して，資格制度のランク数の削減とコース制度の導入が行われた。

第7章　能力・成果主義賃金への段階的移行期（2000年以降）　　*167*

❖注────

1　㈳日本電機工業会『電機』2003年1月号，2004年1月号。
2　全日本金属産業労働組合協議会（2000）『賃金・処遇制度調査』p.53。
3　全日本電機・電子・情報関連産業労働組合連合会（2001）「東芝の賃金制度」『中闘組合の賃金制度【第2集】』p.57。
4　全日本電機・電子・情報関連産業労働組合連合会（2001）「東芝の賃金制度」『中闘組合の賃金制度【第2集】』p.57。
5　東芝労組50年史編纂委員会編（2002）『東芝労働組合50年運動史』p.344。
6　東芝労働組合『TOSHIBA UNION』2000年3月29日号，および東芝労働組合本部へのインタビュー（2007年6月22日実施）。
7　東芝労働組合労働政策部（2004）『東芝の賃金関係規程・規則集』p.3。これに先立ち，同年4月1日には，「全社共通とする処遇項目」と「カンパニー別とする処遇項目」に関する枠組み（区分け）について経営側との合意を図っている（東芝労働組合〔2002〕『第247回中央委員会議案書』）。なお，2000年改定時，2002年と2003年の一連のカンパニー別処遇制度導入を考えていなかった。カンパニーの自立を促すために，将来的にカンパニー別処遇制度の導入を考えていたものの，2001年の業績悪化によって，急遽導入に向けた労使協議を開始した（東芝労働組合本部へのインタビュー〔2007年6月22日実施〕）。
8　東芝労働組合労働政策部（2004）『東芝の賃金関係規程・規則集』pp.3-4，および東芝労働組合本部へのインタビュー（2007年6月22日実施）。
9　全日本電機・電子・情報関連産業労働組合連合会（2001）「東芝の賃金制度」『中闘組合の賃金制度【第2集】』p.89。
10　東芝労働組合（2001）『新しい処遇制度の要点（ダイジェスト版）』。なお，これら以外にも時間外勤務の管理（Aコース「時間外勤務」をカウント，Bコース「時間外勤務の申請を行わない」）などの違いがある。詳細は同資料を参照のこと。
11　東芝労働組合（2001）『新しい処遇制度の要点（ダイジェスト版）』。詳細は同資料を参照のこと。
12　導入当初は，労働基準法で定めている裁量労働ではないが，裁量労働に近い勤務制度であった。しかし，2004年1月に労働基準法が改正され，それに伴い2002年，2003年にACEワークは「裁量労働制勤務」に改定された。その適用者は，Bコースに属する，①労働基準法に定める「専門業務型および企画業務型」に対応する職種・業務，②みなし労働時間を適用できる部門の者である。なお，裁量労働制勤務に移行する場合は，本人の同意を適用している。しかし，Bコースの者で，労働基準法に定める「専門業務型および企画業務型」に対応する職種・業務に従事していても，業務の性質上みなし労働時間を適用できない部門に属する者は，フレックスタイム制勤務が適用され

13 全日本電機・電子・情報関連産業労働組合連合会（2001）「東芝の賃金制度」『中闘組合の賃金制度【第2集】』p.89。コース変更に伴う賃金の取り扱い，出向者のケース等については，同書pp.90-92を参照されたい。
14 この他に管理職資格の資格呼称の変更が行われ，「理事」が「理事・首席技監・首席主幹」に，「理事補」が「上席参事」にそれぞれ名称変更された。
15 全日本電機・電子・情報関連産業労働組合連合会（2001）「東芝の賃金制度」『中闘組合の賃金制度【第2集】』pp.93-94。
16 全日本電機・電子・情報関連産業労働組合連合会（2001）「東芝の賃金制度」『中闘組合の賃金制度【第2集】』p.94。その詳細は，東芝労働組合労働政策部（2004）『東芝の賃金関係規程・規則集』pp.100-101を参照のこと。なお，通常の資格任命の他に特別の資格任命を臨時に行うことがある，ともしている。
17 東芝労働組合（1999）『第239回中央委員会議案書』。
18 全日本電機・電子・情報関連産業労働組合連合会（2001）「東芝の賃金制度」『中闘組合の賃金制度【第2集】』p.93。
19 一連の改定の主な流れは，2000年改定では賃金制度の全面的な改定，2002年および2003年改定では，①基礎給，職能給定額部分の改定，②勤務地加算の導入，③職能給成果加算の全社ミニマム基準の設定，④カンパニー別の業種・業態，職種に応じた成果配分の実施などである（東芝労働組合〔2002〕『第247回中央委員会議案書』）。
20 全日本電機・電子・情報関連産業労働組合連合会（2001）「東芝の賃金制度」『中闘組合の賃金制度【第2集】』p.58。なお，導入に際し，3年間の経過措置として補償給が支給されている。その詳細については，同書を参照のこと。また，2000年の改定当時，支給額の設定方法は，15～35歳は一般的に能力の伸長が期待されることから，主として能力進展の観点から，35～60歳については，主として生計費の観点からそれぞれ定額が設定され，さらに35歳の定額に対して，一般的に生計費が増大する40歳代後半の定額が相対的に高くなるように設定されていたが（同書p.58），つづく2002年，2003年改定で，①基礎給原資の一部を職能定額部分に移行，②35歳以降の賃金水準のフラット化，が行われた（東芝労働組合〔2002〕『第247回中央委員会議案書』）。
21 東芝労働組合労働政策部（2004）『東芝の賃金関係規程・規則集』p.7。
22 東芝労働組合労働政策部（2004）『東芝の賃金関係規程・規則集』pp.7-8。なお，2000年の導入時，職能給定額部分は全社的に統一された資格別定額給であったが，2002年，2003年の改定で①資格別職種別定額給に，②さらに職種別に設定されている金額をカンパニー別に定めることができるように，それぞれ見直された（東芝労働組合〔2002〕『第247回中央委員会議案書』）。カンパニーごとの職務給の詳細は，東芝労働組合労働政策部（2004）『東芝の賃

金関係規程・規則集』pp.49-80を参照のこと。
23 職務給職群定義書はカンパニーごとに設けられている。東芝労働組合労働政策部（2004）『東芝の賃金関係規程・規則集』p.12は，全社標準制度のものである。
24 東芝労働組合（1999）『TOUCH』11月号。基本的には，成果を出した者は最初の上限額（加算上限額1）を上回ることなく昇格するが，加算上限額1を超えても昇給が可能となるように次の上限額（加算上限額2）が設けられ，さらに加算上限額2を超えても，成果を出す者に昇給を行えるように設定されている。ただし，その場合は高い成果（E1以上）を出さないと昇給できないように設定されている。
25 東芝労働組合労働政策部（2004）『東芝の賃金関係規程・規則集』p.8，および東芝労働組合（2002）『第247回中央委員会議案書』。カンパニーごとの成果加算額の詳細は，東芝労働組合労働政策部（2004）『東芝の賃金関係規程・規則集』pp.49-80を参照のこと。成果加算の他に特別成果加算を支給するカンパニー，成果給加算額の賃率を資格別職掌別に設定するカンパニーもある。この成果加算は，2000年の導入時，全社同じ賃金表を用いていたが，2002年，2003年改定で，①基礎給原資の一部が職能給定額部分に移行され，②カンパニーが自部門の業種・業態・職種を考慮して独自に成果加算を設定できるように見直された。ただし，成果加算部分における安定昇給を図るため，各カンパニーが成果加算を設定する際に，考課Aで必ず守らなければならない全社ミニマム基準（加算額の2分の1）が設定されている（東芝労働組合〔2002〕『第247回中央委員会議案書』）。
26 東芝労働組合労働政策部（2004）『東芝の賃金関係規程・規則集』pp.125-129。評価の詳しい手順は同書を参照のこと。
27 東芝労働組合（2002）『第247回中央委員会議案書』。なお，2000年当時は全社的に統一された賃金表が適用されていたが，2002年，2003年改定で，カンパニーが自部門の業種・業態・職種を考慮して，独自に等級数，賃率などを設定できるように見直された。カンパニーごとの職務給の詳細は，東芝労働組合労働政策部（2004）『東芝の賃金関係規程・規則集』pp.49-80を参照のこと。
28 東芝労働組合（2000）『第240回中央委員会議案書』。この他に，技能職に技能主査（KS5等級格付け）制度が新設された。なお，特別技能員については移行時に1等級上位に格付けするが，これに伴い特別技能員制度，特別技能員手当は廃止された。
29 東芝労働組合労働政策部（2004）『東芝の賃金関係規程・規則集』p.130。なお，昇級査定は年1回行われている。また，職能給で使われる考課については，主に習熟度を考慮しながら行われている（東芝労働組合本部へのインタビュー〔2007年6月22日実施〕）。

第Ⅲ部
日本企業の賃金制度の変遷の特質

第8章
戦後の賃金制度の変遷の特質

第1節　分析の枠組み　―賃金制度の特質のとらえ方

　第Ⅰ部と第Ⅱ部では，新日鐵と東芝における戦後の賃金制度の変遷を詳細にみてきた。そこで明らかにしたことは，賃金制度が時々の経営上の事情に合わせて，多様な性格を持つ多様な名称の賃金要素からなる制度として形成され，複雑な変遷をたどってきたことである。しかし，その複雑な変遷には，新日鐵，東芝に共通した一定の傾向がみられ，それは経営環境と密接に関係している。第Ⅲ部では，この点を明らかにしたい。そのために，まず，賃金制度のとらえ方を整理する必要がある。

　図表8-1をみてもらいたい[1]。本書で取り上げた賃金は，所定内賃金の中心をなす基本給（基本賃金）である。その決定基準は「長期の決定基準」と「短期の決定基準」からなり，前者については年功，能力，仕事といった長期的な観点から従業員を安定的に評価できる要素が用いられ，そ

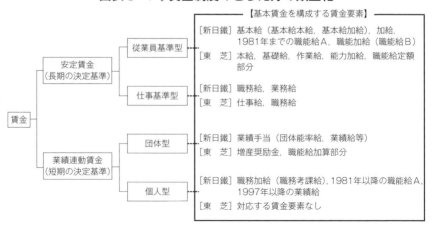

図表8-1◆賃金制度のとらえ方の類型化

れらに基づく賃金を「安定賃金」と呼ぶことにする[2]。さらに，安定賃金は，年功と能力といった従業員を基準とした「従業員基準型安定賃金」と，仕事を基準とした「仕事基準型安定賃金」に分かれる。

以上の長期の決定基準に対して，短期の決定基準は変動的な特性を持つ業績要素が用いられ，それに基づく賃金を「業績連動賃金」と呼ぶことにする[3]。業績連動賃金の決定方法は主に，経営業績等に基づいて「原資を決める」部分（「業績連動賃金原資」と呼ぶ）と「原資を配分する」部分の2つからなり，「原資を配分する」部分では，業績連動賃金原資が「何らかの基準」，つまり業績の達成度（以下「業績達成度」と呼ぶ）によって，個人に配分される。

さらにこの業績連動賃金は，組織のどの単位を業績評価の対象とするか（業績評価単位）によって，「団体型業績連動賃金」と「個人型業績連動賃金」の2つのタイプに分かれる。団体型業績連動賃金は，全社の業績連動賃金原資をもとに，団体別の基準額と団体の業績（団体業績達成度）によって団体の業績連動賃金原資を決め，それを個人別の基準額と個人の業績（個人業績達成度）によって個人に配分し，賃金を決める。

業績連動賃金のもう1つのタイプである「個人型業績連動賃金」は，全社の業績連動賃金原資を個人別の基準額と個人業績達成度によって個人に配分し，賃金を決める。こうした枠組みに基づいて，以下では新日鐵と東芝の賃金制度の変遷の特質を分析していく。

176　第Ⅲ部　日本企業の賃金制度の変遷の特質

第2節　新日鐵の賃金制度の変遷の特質

1．高度成長前夜期の賃金制度の特質

　図表8-2をみてもらいたい。新日鐵における戦後の賃金制度の変遷を，前述した賃金制度をとらえる枠組みに沿って整理したものである。終戦直後の賃金制度は戦前の制度が踏襲され，技術職の基本賃金は団体型業績連動賃金である業績手当が中心であり，それに初任給に毎年の昇給を積み重ねることによって決定される，年功を基準とする従業員基準型安定賃金の基本給を加えた構成になっている。対して，主務職の基本賃金は年功を決定基準とする従業員基準型安定賃金の基本給一本である。
　なお，終戦直後の人事制度は戦前の職分・身分制が踏襲されていたが，労働組合の強い要求によって1947年に廃止され，それに代わって従業員全員を「社員」として一律に処遇する人事制度が導入された。しかしながら，役職区分による序列と基本給による序列以外に全従業員を統一して管理する人事制度が整備されず，公平な処遇が難しい状況になっていた。それを是正するため，1953年には職務遂行能力によって従業員を区分する「職分制度」が導入されたが，それが賃金決定要素になることはなかった。

2．高度成長期の賃金制度の特質

2．1　技術職の賃金制度
　まず，基本賃金全体の構成変化に注目すると（図表8-2を参照），安定

賃金が増加し，業績連動賃金が減少しているという特徴がみられ，さらに安定賃金，業績連動賃金の内部構成にも変化が起きている。安定賃金は高度成長前夜期には年功を決定基準とする従業員基準型一本であったが，この期に入ると仕事基準型の職務給が加わり，年功を決定基準とする従業員基準型と仕事基準型から構成されるようになった。一方，終戦直後から新日鐵発足まで団体型一本であった業績連動賃金は，団体型の業績給と個人型の職務加給から構成されるようになり，しかも団体型業績連動賃金の内部にも変化が起きている。

　団体型業績連動賃金の重要な点は，算出基礎となる「基準額」を設定し，それに「能率指標」からみた達成度を加味して団体ごとの財源を決める点にある。この2点に焦点を絞って変遷をみると，まず「基準額」については，終戦直後から1970～73年の改訂までほぼ一貫して，団体別の「基本給総額」にリンクさせて決めるという方法をとっていた。一方，能率指標に関しては，終戦直後は「粗鋼・鋼材生産量」が用いられていたが，八幡製鐵の発足後，生産設備の合理化，近代化への取り組みがはじまり，それに併せて1950年の改訂では「労働生産性」に改められた。さらに，大規模な設備投資が積極的に行われた高度成長期に入ると，生産設備の稼働率をいかにして高めるかが重視され，1967年の改訂では「作業遂行率・設備稼働率」に変更された。新日鐵発足によって賃金制度の統一が行われた1970～73年の改訂では，「粗鋼生産性」が共通の能率指標として用いられた。

2.2　主務職の賃金制度

　まず，基本賃金全体の構成変化に注目すると，1970～73年の改訂まで一貫して安定賃金のみから構成されている。しかしながら，その内部構成は変化し，それには次の2つの特質がみられた。第1には，年功を決定基準としていた基本給が基本給と年功を決定基準とする加給の組み合わせを経

図表8-2◆新日鐵における基本賃金構成の変化と経営の主な動き

【基本賃金構成の変化】

■技術職

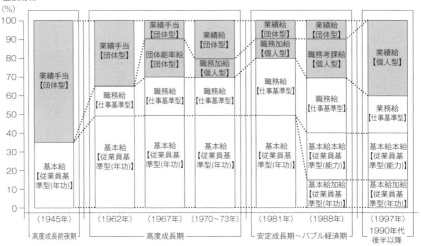

■主務職

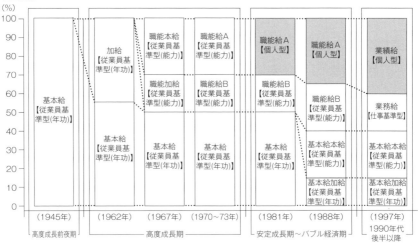

【経営の主な動き】

年	経営の主な動き
1950年	日本製鐵㈱の分割、八幡製鐵㈱・富士製鐵㈱の発足
1955年	八幡製鐵㈱が光製鐵所を設置
1958年	八幡製鐵㈱が戸畑製造所を設置
1961年	八幡製鐵㈱が堺製鐵所を設置
1965年	八幡製鐵㈱が君津製鐵所を設置
1967年	八幡製鐵㈱が東海製鐵㈱を吸収合併、名古屋製鐵所と改称
1970年	八幡製鐵㈱・富士製鐵㈱の合併、新日本製鐵㈱の発足
1971年	富士三機㈱を吸収合併、大分製鐵所を設置
1978年	第1次合理化計画策定
1982年	第2次合理化計画策定
1984年	第3次合理化計画策定
1987年	第1次中期経営計画スタート
1991年	第2次中期経営計画スタート
1994年	第3次中期経営計画スタート
1997年	中期経営方針スタート
1998年	エンジニアリング事業本部に社内分社制導入
2000年以降	事業の統合・分社化・承継の推進

(注) 基本賃金の構成比率は，毎月支払う所定内給与のうち，本書が分析対象としている基本賃金の総額を100％とした場合の個別の賃金要素の比率である。なお，参照した資料に記載されているその値は基準値である。

(出典) 新日本製鐵株式会社『新日鐵ガイド2003』，および『新日鐵ガイド2012』（http://www.nsc.co.jp/），八幡製鐵所百年史編纂事務局編（2001）『世紀をこえて－八幡製鐵所の百年』新日本製鐵株式会社八幡製鐵所，および田口（2003）より作成。

て，能力主義を重視する人事処遇の下で能力を決定基準とする職能給等が加わり，基本賃金の決定基準が年功と能力から構成されるようになった。第2には，基本賃金に占める年功基準の基本給の割合が減少した。

さらに，基本給と職能給の内部にも変化が起きている。基本給については，基本給管理の一元化が行われた。すなわち，終戦後から技術職と主務

職をわけて基本給管理が行われていたが，1967年の改訂で昇給方法などの一元化が行われた。

1967年の改訂時に加給に代わって導入された，能力に応じて決まる職能給は，資格区分別定額給の職能本給（職能給A，以下「職能給A」と呼ぶ）と資格区分別範囲給の職能加給（職能給B，以下「職能給B」と呼ぶ）の2つから構成され，この体系は高度成長期を通じて維持された。

なお，人事制度でも制度の近代化を目指して，1967年には職務と能力に応じて格付けする「職掌制度」が，さらに1970～73年の改訂では，職掌制度の基本概念を引き継いだ「系列区分」「職務層区分」「資格区分」からなる新人事制度が整備された。この人事制度は，資格区分が新たに導入された職能給の決定要素になるなど，賃金制度との結びつきを持つようになった。

3．安定成長期からバブル経済期の賃金制度の特質

3.1　技術職の賃金制度

3.1.1　安定賃金の動き

基本賃金全体の構成変化に注目すると（図表8-2を参照），戦後復興期から一貫して増加していた安定賃金の割合が1981年改訂をピークに減少しはじめ，それに代わって業績連動賃金が増加している。さらに安定賃金，業績連動賃金の内部構成にも変化が起きている。

安定賃金は，高度成長期には年功を基準とする従業員基準型の基本給と仕事基準型の職務給であったが，この期に入り仕事基準型は維持されたものの，基本給が年功を決定基準とする部分と能力を決定基準とする部分とに分割されたことで，年功，能力，仕事の3つの基準で構成されるようになった。加えて，安定賃金を構成する基本給と職務給の内部にも変化が起きている。

第8章　戦後の賃金制度の変遷の特質　　*181*

　まず，基本給については，第1に基本賃金に占める比率が低下した。終戦後の復興期からおおむね半分以上を占めていた比率が，1988年の改訂によって40％へと削減された。第2は昇給制度の変化である。1967年改訂における主務職との基本給管理の一元化以降，全従業員は同じ昇給方法で管理されてきたが，能力主義の強化を目指して，定年延長に伴う60歳までの一貫した処遇と，従業員構成の高齢化に伴う人件費負担の増大の抑制を図るために一元化されていた昇給方法が，1981年の改訂で①昇給部分を基礎部分と考課部分にわけ，②50歳以上は考課昇給のみとする仕組みに見直された。さらに，1988年の改訂で，基本給は能力を決定基準とする従業員基準型の基本給本給と，年功を決定基準とする従業員基準型の基本給加給に分割され，それまで年功だけであった従業員基準型の決定基準に能力が加わるようになった。

　次に，仕事基準型の職務給は年功的要素に偏っていた賃金制度を是正し，「同一労働同一賃金」の原則に基づいて公平に処遇する役割を担っていた。しかし他方では，生産設備の合理化，近代化，自動化によって職務内容が大きく変化すると，それを賃金に的確に反映させることが難しい。このような特性をもつ職務給は，1962年の導入から1988年の改訂までの間に次の変化がみられた。

　第1は，職務評価単位のとらえ方の変化である。導入当初は個人が従事する「職務（方）」を基準としていたが，1988年の改訂で，個人が所属する「職場（工数）」へと職務のくくりが拡大された。また，それに伴い職務と賃金の対応関係も抜本的に見直された。これが第2の変化である。それまで厳格に行っていた職務と賃金の対応関係をゆるめ，職務内容の変化に柔軟に対応しつつも職務価値に応じた処遇を的確に行うため，たとえば1988年の改訂で，賃金表を「職級別」から「職務区分別役割区分別」に変更した。

3.1.2 業績連動賃金の動き

　業績連動賃金の内部構成における変化は，団体型に比べて個人型が重視されるようになったことである。さらに，業績連動賃金を構成する団体型の業績給と個人型の職務加給（職務考課給，以下「職務考課給」と呼ぶ）についても変化が起きている。

　まず，団体型の業績給では，財源算出方法に変化がみられた。終戦直後から1981年までほぼ一貫して，団体別の財源は団体別の基本給総額にリンクして決められてきた。しかし基本給は年功的要素が強く，それにリンクして財源を決める方法は成果に応じた処遇を行う業績給の趣旨に合わない。安定成長時代の厳しい経営環境のなかで，成果に応じて処遇するという本来の姿に戻すため，1981年の改訂を機に，基本給リンクの財源算出方法が段階的に職務的給与リンクの方法に移行し，1985年に廃止された。

　次に，個人型の職務考課給は，職務給を補完し，個人の成果を処遇に反映させるために，新日鐵発足時の1970〜73年の改訂で導入された賃金である。その仕組みは，導入当初，職場別の平均職務給をベースに職場別の原資を決め，それを個人の業績に応じて配分していくという方式であった。このような特性をもつ職務考課給には1988年の改訂までの間にいくつかの変化がみられ，そのなかの主要なものは次の3点である。

　第1は，財源算出方法の変化であり，1981年の改訂で，成果と処遇の関係を強めるために，算出の基礎が「職場別」の平均職務給から「職場別職務層区分別」の平均職務給へと変更された。第2の変化は，財源配分単位が，1981年に「掛」から「工場（課）・掛」へ，さらに1982年には「工場（室）・掛」へ，1988年には「工場・室」へと拡大されたことである。これは，組織編成の見直しに連動した財源配分の対象範囲の拡大であった。第3に，加給（考課）係数の範囲が，成果を処遇にきめ細かく反映させるために1981年の改訂時に拡大された。

3.2 主務職の賃金制度

　まず，図表8-2に示しているように，基本賃金全体の構成変化には1981年の改訂で能力を決定基準とする従業員基準型の職能給Aが業績連動賃金に変わったことにより，安定賃金のみから構成されていた基本賃金が安定賃金と業績連動賃金の構成となり，しかもその後の改訂のなかで業績連動賃金の割合が増えていったという特質がみられる。新日鐵の発足以降，能力主義を強める人事処遇政策の下で，技術職だけでなく主務職についても，安定賃金の割合が低下していったのである。

　安定賃金は年功と能力から構成される従業員基準型が維持されたものの，従業員基準型に占める年功の割合が減少するという特質がみられる。さらに，安定賃金を構成する基本給と職能給についても内部変化が起きている。まず，基本給の変化の第1は，基本賃金に占める比率が低下している点である。基本給の割合は終戦直後から第2期の高度成長期にかけて一貫して低下してきたが，その動きは安定成長期に入っても継続し，1988年の改訂で同比率は40％へと低下していった。第2は，1967年改訂の技術職との基本給管理の一元化に伴い導入された昇給制度に変化がみられる点である。すなわち，1981年の改訂で昇給部分を基礎部分と考課部分にわけ，50歳以上は考課昇給のみとし，さらに1988年の改訂で，基本給は能力を決定基準とする従業員基準型の基本給本給と年功を決定基準とする従業員基準型の基本給加給に分割され，従業員基準型の安定賃金に占める年功を決定基準とする割合が減少した。

　資格区分別定額給の職能給Aと，資格区分別範囲給の職能給Bの2つから構成されていた職能給には，次のような変化がみられた。まず職能給A（以下「旧職能給A」と呼ぶ）は1981年の改訂によって，「資格区分別定額給」から個人の成果等に応じて決まる「資格区分別評価給」（以下「新職能給A」と呼ぶ）に改訂され，業績連動賃金の特性を持つようになった。

他方，能力を決定基準とする職能給Bは1981年の改訂で決め方は維持されたものの，財源の一部が新職能給Aに移行された。

業績連動賃金にみられる特質は，1981年の改訂で新たに業績連動賃金が加わったことである。それまでの基本賃金は安定賃金のみから構成されていたが，能力を決定基準とする従業員基準型の旧職能給Aが，前述したように成果を決定基準とする「資格区分別評価給」である新職能給Aに改訂されたのである。個人に支払う賃金は，「資格区分別基準額×評価係数」によって決められ，評価係数は成果に応じて毎年見直される。その結果，同じ能力を決定基準とする職能給Bの決め方は維持されたのに対して，新職能給Aは個人型業績連動賃金の特性を持つ賃金要素になったのである。さらに，新職能給Aは1988年の改訂で基本賃金に占める比率が拡大された。

なお，人事制度については，1981年の改訂で組織編成の見直しに伴う管理職制度の見直しが行われた以外は，従来の仕組みが維持された。

4．1990年代後半以降の賃金制度の特質

4．1　技術職の賃金制度
4．1．1　安定賃金の動き

まず基本賃金全体に注目すると（図表8-2を参照），次の2つの特質がみられる。第1は，技術職と主務職それぞれに設定されていた賃金制度が1997年に統一されたことである。第2は，基本賃金における安定賃金と業績連動賃金の構成に変化が起きたことであり，安定成長期以降，一貫して増加していた業績連動賃金がさらに増加したことである。さらに安定賃金，業績連動賃金の内部構成にも変化が起きている。

まず，安定賃金については，年功，能力，仕事から構成される決定基準が維持されたものの，安定賃金を構成する職務給に変化が起きている。す

なわち，1997年の改訂で職務給が廃止され，それに代わり仕事基準型の「職務層区分別ランク別定額給」の業務給が導入された。その主な変更点は，第1に支給対象者の範囲がそれまでの技術職から旧主務職を含めた全従業員となったこと，第2に個人配分がそれまでの役割別職務別定額給から，職務層区分と資格区分のランクに連動した「職務層区分別ランク別定額給」に見直されたことである。これは人事制度改訂の一環で進められた系列区分の廃止に伴う職務層区分の一本化に連動したものである。また，能力を決定基準とする従業員基準型の基本給本給と年功を決定基準とする従業員基準型の基本給加給から構成される基本給は，基本的に制度の変更はなく，1997年の改訂で，基本給本給では人事制度における資格数の増設に伴う昇給基準額と上限額の見直し，基本給加給では55歳以降の減少ピッチの是正が行われた。

4.1.2 業績連動賃金の動き

業績連動賃金の内部構成における変化は，個人型業績連動賃金がいっそう重視され，団体型業績連動賃金が廃止されたことである。個人の能力や成果を賃金に直接反映させる方向で賃金制度改訂が行われ，団体型業績連動賃金である業績給（以下「旧業績給」と呼ぶ）は次第に基本賃金における存在意義を失い，1991年の改訂で，その財源は職務的給与（職務給と職務考課給）に主に移行された。さらに1997年の改訂で，個人型の職務考課給とともに新設された個人型の業績給（以下「新業績給」と呼ぶ）に統合された。新業績給は個人の成果に応じて決定される「資格区分別評価給」で，毎年行われる査定によって，資格区分別基準額の±50％の範囲内で決められる。

4.2 主務職の賃金制度

まず，図表 8-2 に示しているように，基本賃金全体の構成変化には安定成長期に加わった業績連動賃金の割合が増えるという特質がみられる。新日鐵の発足以降，能力主義を強める人事処遇政策の下で，技術職だけでなく主務職についても，業績連動賃金が増え安定賃金が減少するという変化をたどったのである。

安定賃金の内部構成については，安定賃金に占める年功の割合が減少し，さらに1997年の改訂では，主務職・技術職の賃金制度の統一に伴い職能給Bが廃止され，それに代わり仕事基準型の業務給が新設された。その結果，安定賃金は年功，能力，仕事の3つの決定基準から構成されるようになった。

業績連動賃金については，個人型のみという内部構成は変わらないものの，1997年の改訂で主務職・技術職の賃金制度の統一に伴い，職能給Aが廃止され，それに代わり業績給が導入された。その主な変更点は，第1に，支給対象者の範囲がそれまでの主務職から旧技術職を含めた一般者全員に拡がったこと，第2に，個人配分はそれまでの「資格区分別基準給×評価係数」によって決まる資格区分別評価給の仕組みが引き継がれたものの，評価係数の範囲がそれまでの「±20％」から「±50％」に拡大されたことである。

なお，人事制度については，1997年の改訂で，働き方や仕事の内容が異なることを前提に技術職と主務職の系列を区分する人事制度を是正し，職務領域にとらわれない業務運営を目指して両者の系列区分が廃止された。改訂された人事制度では，それまで系列区分に対応して生産関連職務とその他職務とに分かれていた職務層区分が一本化されたほか，資格区分では，定年までの一貫した職務遂行能力の向上と成果発揮を図るため資格ランクの増設が行われ，それまでの「5ランク」を「6ランク」とした。

第3節　東芝の賃金制度の変遷の特質

1．高度成長前夜期の賃金制度

　図表8-3は，前述した賃金制度をとらえる枠組みに沿って東芝の賃金制度の変遷を整理したものである。終戦直後の基本賃金は戦前の賃金制度が踏襲され，団体型業績連動賃金である増産奨励金に，初任給に毎年の昇給を積み重ねることによって決定される年功を決定基準とする従業員基準型安定賃金の本給を加えた構成となっている。

　この期の基本賃金全体の構成変化に注目すると，業績連動賃金がなくなり，年功を決定基準とする従業員基準型の安定賃金に一本化されるという特徴がみられる。これは1952年の改定で団体型業績連動賃金である増産奨励金が廃止され，それに代わって年功を決定基準とする従業員基準型の作業給が導入されたことによるものである。戦後復興期には復興しつつある生産活動を推進するため，生産量に応じて処遇する団体型業績連動賃金が導入されたが，その後インフレが落ち着くと，安定的な賃金を求める従業員の声が強まり廃止されたのである。

　なお，人事制度は戦前の身分・資格制度が踏襲されていたが，工員については，工場ごとに設けられていた資格制度が1952年の改定で全社統一の制度に改変された。

188　第Ⅲ部　日本企業の賃金制度の変遷の特質

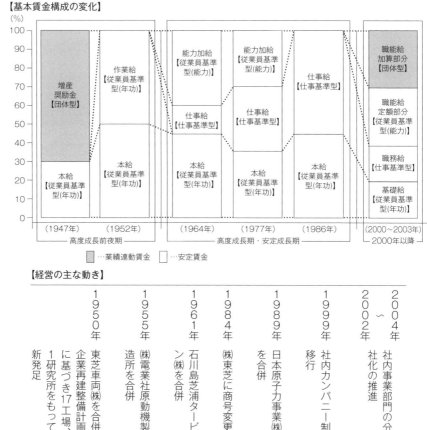

図表8-3◆東芝における基本賃金構成の変化と経営の主な動き

(注)　基本賃金の構成比は，毎月支払う所定内給与のうち，本書が分析対象としている基本賃金の総額を100％とした場合の基本賃金を構成する個別の賃金要素の比率で，その値は平均値を用いている。なお，2000～2003年改定の職能給における定額部分と加算部分の比率は，基準賃金をもとに算出した。

(出典)　東京芝浦電気株式会社総合企画部社史編纂室編（1963）『東京芝浦電気株式会社八十五年史』pp.905-906，産業労働調査所（1970a）「職種評価を経て賃金を決定した東芝の仕事給」『賃金実務』No.166，全日本電機機器労働組合連合会（1997）『電機労連賃金実態調査報告　第1集　1997年度版』p.60，全日本金属産業労働組合協議会（1995）「東芝」『賃金体系と処遇制度』p.65，および全日本電機・電子・情報関連産業労働組合連合会（2004）『電機連合賃金実態調査報告　第1集』pp.46-47をもとに再集計して作成。

2．高度成長期・安定成長期の賃金制度

　まず，基本賃金の構成変化をみると，業績連動賃金がなく安定賃金一本の構成である点で変化はみられないものの，その内部構成は変化し，それには次の2つの特徴がみられた。第1には，高度成長前夜期の安定賃金は従業員基準型一本であったが，この期に入ると仕事基準型が加わり，従業員基準型と仕事基準型から構成されるようになった。高度成長期に入ると大規模な設備投資や海外から最新技術の導入が行われ，生産設備の合理化・近代化が進められた。その結果，職務内容は高度化し，従業員基準型の安定賃金だけでは，そうした変化に対応しつつ処遇の公平性を維持することが難しくなったため，職務に応じて賃金を決める仕事基準型の仕事給が導入されたのである。

　第2には，1964年改定にみられた能力加給導入の動きからわかるように，高度成長前夜期まで年功中心であった従業員基準型のなかに能力に応じた賃金要素（能力加給）が加えられた。しかし，職務に応じた処遇を重視する政策の下，最終的には仕事基準型の拡充に伴い廃止された。

　次に，個々の賃金要素の決定方法の変化についてみてみたい。まず，本給は初任給に毎年の昇給を積み重ねることによって決定される賃金であり，これによって生計費に見合った所得を保障し，長期的な企業へのコミットメントと労働意欲を引き出す役割を果たしていた。しかし，労働力構成の高齢化が進むと，人件費負担が増大し企業経営を圧迫することになるため，本給は次の改定が行われた。第1は，昇給管理の一元化である。終戦直後から一貫して職員と工員をわけて昇給管理が行われていたが，1964年改定で身分制が廃止され，それに伴い昇給管理も一元化された。第2は，昇給ラインの見直しであり，終戦直後から男女別に分かれていた昇給ラインの

是正が1965年から段階的に進められ，1976年で完了した。第3は，本給管理の一元化である。1970年の60歳定年制導入時，定年延長対象層の56歳以降の賃金制度を別立てとしていたが，従業員構成の高齢化・高学歴化が進むなか，処遇の公平性の維持を図るために行われた1986年改定での賃金制度の一元化に伴い，本給管理も一元化された。

次に，仕事給は年功的要素に偏っていた賃金制度を是正し，「同一労働同一賃金」の原則に基づいて，職務に応じて賃金を決定する制度として1964年に導入された。しかし，技術革新や生産設備の合理化等によって大きく変化する職務内容に的確に対応させることが難しいという問題に直面した。このようなことを背景にして仕事給は，その後，次の改定が行われた。

第1は，決定方法の見直しである。導入当初は「仕事等級ランク」に基づいて決定されていたが，職務に応じた処遇を基本としつつ，柔軟な人員配置を可能にするために，1986年の能力加給の仕事給への統合に伴い「仕事等級ランクと資格ランク」に基づいて決定する方式に見直された。能力に応じて処遇する能力加給は，前述したように1964年に導入されたものの，基本賃金における仕事給の比率の拡大に伴い，1986年改定で廃止された。

第2は，仕事給管理の一元化である。本給管理の一元化と連動した動きで，1970年の60歳定年制導入時，別立てとした定年延長対象層の56歳以降の賃金制度が1986年改定で一元化され，それに併せて仕事給管理の一元化も行われた。

3．2000年以降の賃金制度

まず，基本賃金の構成変化に注目すると，1952年改定以降，一貫して安定賃金のみから構成されていたが，2000～2003年改定で業績連動賃金が加

第 8 章　戦後の賃金制度の変遷の特質　　*191*

わった。これは，職能給加算部分が新たに導入されたことによるものである。バブル経済崩壊以降，経営環境の厳しさが増すなか，能力・成果主義化を進める人事処遇政策の下で，能力と成果を賃金に反映させる方向で賃金制度の改定が行われた。カンパニー別に昇給額が決まる団体型業績連動賃金の特性を持つ職能給加算部分の導入は，こうした流れのなかで取り組まれた動きであった。

　さらに，安定賃金の内部構成にも変化がみられ，能力が従業員基準型安定賃金の決定基準に再び加えられた。能力によって決まる職能給定額部分の導入がそれである[4]。その結果，基本賃金は成果，仕事，能力，年功のそれぞれに対応する賃金要素から構成される制度をとることになった。さらに，本給の機能を引き継いだ基礎給，仕事給の機能を引き継いだ職務給にも変化がそれぞれ起きている。

　まず，基礎給にみられた変化は，基本賃金に占める比率の低下である。1952年の改定以降おおむね半分程度を占めていた比率が，2000～2003年改定で20％程度へと削減された。経営環境が厳しくなるなかで，能力・成果主義化を進める人事処遇政策の下，基本賃金に占める基礎給の比率が減らされたのである。次に，職務給には運用面での変化と基本賃金に占める比率の低下という2つの変化がみられた。前者について，1964年の仕事給導入当初の賃金表は事務技術職掌と技能職掌とに区分されていたが，2000～2003年改定で，仕事給の機能を引き継いだ職務給導入によって一本化された。後者については，高度成長期・安定成長期に行われた一連の改定のなかでおおむね半分程度に維持されていた比率が，2000～2003年改定で20％程度に削減された。

✤注

1　第Ⅲ部は主に今野（1998）pp.67-68，および田口（2003，2011）に基づいている。なお，賃金制度のとらえ方には，能力要素を仕事基準に含む考え方もある。これは，戦後復興期から高度成長期にかけて進められた賃金の職務給化の動きにおいて，職務を遂行するのに必要な能力に応じて決める賃金（いわゆる職能給）を職務給化の過渡期の形態として位置づけていたことによるものである（幸田による一連の研究〔2002，2003a，2003b，2004〕で整理されている）。第Ⅲ部は今野（1998），田口（2003，2011）のとらえ方にしたがい，能力を「従業員基準」としている。
2　近年，役割に基づいて賃金を決める役割給が注目されているが，本書では役割を仕事の一形態ととらえている。
3　賞与・一時金も業績連動賃金と同じように業績に基づいて決まる賃金要素であるが，本書は所定内賃金の基本賃金に焦点を当てているため，分析の対象外としている。
4　もちろん，その具体的な仕組みは能力加給のそれとは異なるが，強調したいのは，能力が従業員基準型安定賃金の決定基準に復活したことである。両者の詳細については，田口（2007a，2007b，2008a，2008b，2008c）を参照されたい。

終章

これからの日本の賃金制度の方向
―総括と展望

第1節　総括 ―賃金制度の変遷の特質を整理する

1．賃金制度の変遷の特質を整理する視点　―生産性との関連で

　前章では，戦後の賃金制度の変遷の特質を明らかにしてきた。それを踏まえて本章では，序章で提起した「賃金制度は経営環境に規定される」との原則に立ち，経営環境の変化に合わせるために，どのような経営戦略が採用され，その結果，企業が従業員に求める仕事内容がどのように変化したのかに注目し，その点から，これまで説明してきた賃金制度の変遷の背景を明らかにする。

図表終-1◆新日鐵における賃金制度の変遷の特質の整理と経営指標の推移

〔賃金制度の変遷の推移の整理〕

		高度成長前夜期	高度成長期	安定成長期～バブル経済期	1990年代後半以降
技術職	全体構成の変化	・「安定賃金」と「業績連動賃金」の構成	・「安定賃金」の増加，「業績連動賃金」の減少	・「安定賃金」の減少，「業績連動賃金」の増加	・「安定賃金」の減少，「業績連動賃金」の一層の拡大
	安定賃金	・「従業員基準型（年功）」のみの構成	・「仕事基準型」の新設と増加	・「従業員基準型（年功）」の減少，「従業員基準型（能力）」の新設 ・職務と賃金の対応関係の弾力化	・「仕事基準型」の減少 ・職務と賃金の対応関係の一層の弾力化
	業績連動賃金	・「団体型」のみの構成	・「団体型」の減少と「個人型」の新設	・「個人型」の増加・団体別に決められる業績基準額における年功要素の排除	・「団体型」の廃止と「個人型」の増加
主務職	全体構成の変化	・「安定賃金」のみの構成	・「安定賃金」のみの構成	・「安定賃金」の減少，「業績連動賃金」の新設	・「安定賃金」の減少，「業績連動賃金」の増加
	安定賃金	・「従業員基準型（年功）」のみの構成	・「従業員基準型（年功）」の減少と「従業員基準型（能力）」の新設	・「従業員基準型（年功）」の減少と「従業員基準型（能力）」の増加	・「仕事基準型」の新設
	業績連動賃金	―	―	・「個人型」の新設	・「個人型」の増加

終章　これからの日本の賃金制度の方向 ─総括と展望　　195

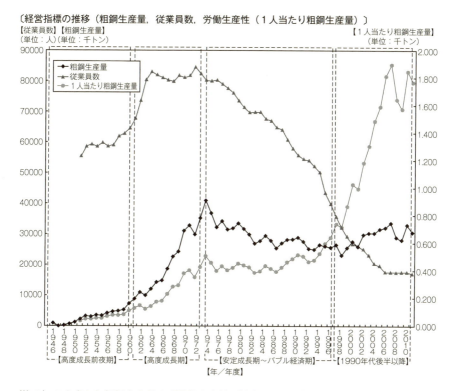

（注１）１人当たり粗鋼生産量は「粗鋼生産量／従業員数」で算出。なお，1945年〜1949年の値は，従業員数のデータが不備なため計算していない。
（注２）経営指標における図表の数値は，1945年〜1949年は日本製鐵の，1950年〜1969年は八幡製鐵と富士製鐵の，1970年以降は新日鐵の値。
（注３）粗鋼生産量の時系列は1945年から1949年が「暦年」，1950年以降は「年度」。
（注４）従業員数の時系列は，富士製鐵については1965年度までは４月末日現在の，1946年度〜1969年度は４月１日現在の，八幡製鐵および新日鐵は４月１日現在の，2004年度以降は３月31日現在の出向者を含めた在籍人員。なお，1984年度については不備があったので，有価証券報告書の値（1984年３月31日現在）。
（出典）八幡製鐵所所史編さん委員会編（1980d）『八幡製鐵所八十年史　資料編』新日本製鐵株式會社八幡製鐵所，新日本製鐵株式會社『新日鐵ガイド2003』『新日鐵ガイド2012』（http://www.nsc.co.jp/），社史編さん委員会（1981b）『炎とともに　富士製鐵株式會社史』新日本製鐵株式會社，社史編さん委員会（1981a）『炎とともに　八幡製鐵株式會社史』新日本製鐵株式會社，八幡製鐵所百年史編纂事務局編（2001）『世紀をこえて－八幡製鐵所の百年』新日本製鐵株式会社八幡製鐵所，新日本製鐵株式会社人事・労政部提供資料より作成。

2．新日鐵

2.1　生産拡大に対応した賃金制度

　図表終-1は，新日鐵の経営戦略の変化と賃金制度の変遷の特質を整理したものである。図表をみると，第1期の高度成長前夜期では，日本経済の再建・復興に不可欠な鉄鋼の増産を図るため，既存設備に労働力を投入して生産量の拡大を図る戦略がとられた。この戦略の下で生産量の拡大を促す賃金制度が求められ，生産量の拡大と賃金を結びつける業績連動賃金の割合を大きくし，しかも生産拡大を図るために従業員の集団（団体）への参画意欲を高める団体型の業績連動賃金が重視された。しかし他方では，終戦直後の不安定な経済情勢のなかでは，生活の安定を図り，従業員が安心して生産活動に専念できる条件を整えるために安定賃金も必要であった。そこで，戦時統制経済下に形成された，年功によって賃金を決める従業員基準型の安定賃金が踏襲された。

　日本経済の復興が進み第2期の高度成長期に入ると，大規模な設備投資と海外からの最新技術の導入による生産設備の合理化，近代化が進められ，従業員数を維持しつつ，生産量の拡大を図る戦略がとられた。このような経営戦略に対応した生産体制の変化により，職務内容は高度化し，それに対応した新たな技能序列が形成され，これまでの経験年数に基づく年功序列との間に乖離等がみられるようになった。年功を重視する従業員基準型の安定賃金だけでは，そうした変化に対応した処遇の公平性を維持することが難しくなった。そこで，職務に応じて賃金を決める仕事基準型の安定賃金が技術職に導入され，安定賃金における割合が拡大していったのである。しかし，仕事基準型の安定賃金は業務内容の標準化が可能な業務を前提としているため，非定型的業務を中心とする主務職に適用することが難

しい。そこで仕事基準型の安定賃金に代わって，能力で賃金を決める従業員基準型の安定賃金が用いられた。

これに対し，業績連動賃金については，安定賃金の拡大に伴い縮小されるとともに，労働生産性の向上を図るため従業員個人の成果と賃金を結びつける方向で改定が行われ，個人型業績連動賃金が技術職に導入された。職務内容が高度化するなかで労働生産性の向上を図るには，個々の従業員の労働意欲を高める必要があり，職務や能力だけではなく個人の成果に応じて決まる賃金要素を導入することになったのである。

2.2 生産の調整に対応した賃金制度

日本経済が高度成長の終焉を迎え第3期の安定成長期に移行すると，労働力構成の高齢化と定年延長に伴う人件費の増加，プラザ合意を契機とする急激な円高の進展と新興鉄鋼国の追い上げ等を背景に国際競争力が低下し，労働生産性を維持しつつ，人員削減等のリストラによって生産能力を調整する戦略がとられた。こうした戦略の下，前期に拡大した固定費的要素の強い安定賃金，なかでも年功を決定基準とする従業員基準型の安定賃金を縮小し，業績連動賃金を拡大することによって，人件費の増加の抑制と弾力性を確保しようとしたのである。

さらに，安定賃金の決め方については，組織の硬直化の是正と能力主義の強化を図るため，それまで厳格に行っていた職務と賃金の対応関係をゆるめ，能力を決定基準とする従業員基準型が重視されるようになった。一方，業績連動賃金の決め方については，人件費増大の抑制と労働生産性の維持を目指して従業員個人の成果と賃金の連係を強める政策がとられ，技術職では個人型業績連動賃金が拡大され，主務職にも同賃金が導入された。

2.3 生産の再生に対応した賃金制度

こうした調整期を経た,バブル経済崩壊後の第4期(1990年代後半以降)は,生産設備の合理化,人員削減などの経営改革が進められることによって,生産規模が維持されるなかで労働生産性が急上昇した時期である。この経営改革によって技術職の職務内容が高度化したために,働き方や仕事の内容が異なることを前提に技術職と主務職を区別する人事制度が機能しなくなり統合されるとともに,賃金制度も一本化された。新たな賃金制度では労働生産性の向上を促すために,業績連動賃金については従業員個人の成果と賃金を結びつけるために個人型が拡大され,安定賃金については職務内容の高度化に対応するために賃金と能力の結びつきが強められた。

3．東 芝

3.1 経営の再生に対応した賃金制度

次に,東芝の賃金制度の変遷の特質を整理すると(図表終-2を参照),第1期の高度成長前夜期は日本経済の再建・復興が進められるなか,経営合理化の一環として実施された人員整理によって企業経営の安定が確保された後,経営規模の拡大を目指して従業員の量的拡大による売上高の増大を図る戦略がとられた。

こうした戦略を受けて生産活動の復興と増産を促すために,戦前からの団体型業績連動賃金が踏襲され,また,戦後の不安定な経済情勢のなかで従業員を処遇するために,戦時中の賃金統制下で形成された年功によって賃金を決める従業員基準型の安定賃金が踏襲された。しかし,生産設備の更新が進まないことに加え,終戦直後から続く労使の対立の影響により,業績連動賃金は本来の仕組みに応じた運用が困難な状況となり,年功を基準とする従業員基準型安定賃金と連動した年功的な運用となっていた。そ

図表終-2 ◆東芝における賃金制度の変遷の特質の整理と経営指標の推移

〔賃金制度の変遷の推移の整理〕

	高度成長前夜期	高度成長期	安定成長期～バブル経済期	2000年以降
全体構成の変化	・「業績連動賃金」の廃止による「安定賃金」一本化へ	・「安定賃金」のみの構成	・「安定賃金」のみの構成	・「業績連動賃金」の再設置による「安定賃金」と「業績連動賃金」の組み合わせ
安定賃金	・「従業員基準型（年功）」のみの構成	・「仕事基準型」の新設 ・「従業員基準型（能力）」の新設	・「仕事基準型」の拡大 ・「従業員基準型（能力）」の縮小・廃止	・「従業員基準型(年功)」と「仕事基準型」の縮小 ・「従業員基準型（能力）」の再設置
業績連動賃金	・「団体型」の廃止	―	―	・「団体型」の再設置

〔経営指標の推移（売上高，従業員数，労働生産性（1人当たり売上高））〕

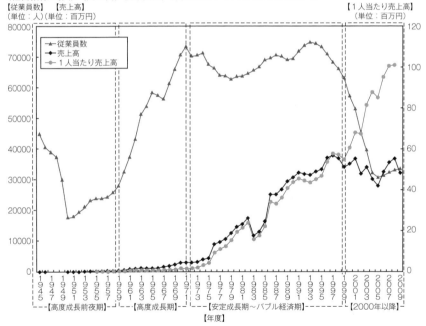

(注1) 1人当たり売上高（労働生産性）は「売上高／従業員数」で算出。なお，売上高はGDPデフレーターをもとに実質化の処理を行った。GDPデフレーターは「68SNA」と「93SNA」をもとにリンク係数を算出して接続。使用項目は年度。GDPデフレーターのデータは1955年度からであるため，労働生産性は1955年度からの算出。

(注2) 売上高は単体（東芝本体）の各年3月時点の数値。ただし，1945年，1950年の売上高は9月時の数値。1947年から1949年は不明。

(出典) 東京芝浦電気株式会社編（1977）『東芝百年史』（1976年まで），『有価証券報告書等』，内閣府経済社会総合研究所編（2001）『国民経済計算報告（昭和30年～平成10年）』（1998年まで），内閣府『国民経済計算』各年（1999年以降）。

こで，労使の安定化を図りつつ，生産活動への従業員の参画を促すため，団体型業績連動賃金が廃止され，それに替わり年功を基準とする従業員基準型の安定賃金が重視され，その拡大が図られた。

3.2 経営規模の拡大に対応した賃金制度

このような従業員の量的拡大による売上高の増大を図る戦略は，第2期の高度成長期に入っても継続された。さらに，この時期は生産設備の合理化，技術革新による熟練の平準化と従業員構成の高学歴化が進んだ時期であり，その結果，それまで職場秩序の基盤であった年功を基準とする従業員基準型安定賃金では，公平な処遇が維持できなくなった。つまり，技術と人材の高度化が年功要素の形態をとる賃金制度の機能不全を引き起こしたのである。こうした状況を受けて，賃金制度は人事管理制度の近代化に連動して，仕事基準型と，能力を基準とする従業員基準型を組み合わせて決定基準とする制度に見直された。

3.3 経営の質的向上に対応した賃金制度

第1次オイルショックによって，日本経済が高度成長期から第3期の安定成長期に転換すると経営環境は一変し，従業員の量的拡大による売上高の増大を図る戦略を継続することが難しくなった。それは，高度成長期に賃金が急速に上昇し，従業員の量的拡大ではコスト競争力の低下が危惧されたからである。そこで，従業員規模を維持しつつ，労働生産性を高めることによって売上高の増大を図る新たな戦略がとられた。こうした新戦略の下，賃金制度については人件費の上昇を抑えつつ現有人員の有効活用を図るために，同制度の中核である，職務に応じた賃金序列を重視する政策がとられた。ただし，職務に応じた賃金序列にみられる昇級の頭打ち問題に対しては職務等級の増設が行われ，従業員の労働意欲の向上に努めた。

それを受けて，能力によって賃金を決める従業員基準型安定賃金の縮小・廃止，仕事基準型安定賃金の拡充が進められたのである。

3.4　経営の再編に対応した賃金制度

しかしながら，この戦略も第4期（1990年代以降）の経営環境の変化のなかで行き詰まり，国際競争力強化のためのコスト削減，製品の高付加価値化等に連動して，売上高の増大を追わずに，従業員を削減しつつ労働生産性の向上を追求する戦略へと転換した。この戦略に連動して，賃金制度では，能力・成果と賃金の結びつきを強める政策が展開された。すなわち，技術や市場の変化のスピードが著しく速くなるなか，仕事基準型安定賃金の形態を重視する賃金制度が機能不全を引き起こしたことを受けて，公平な処遇を維持するために，年功を決定基準とする従業員基準型安定賃金と仕事基準型安定賃金を縮小し，能力を決定基準とする従業員基準型安定賃金と業績連動賃金を導入する，しかも分社化した組織の機動力を高めるために，後者については団体型の形態をとる，という施策がとられたのである。

4．結論　―日本企業の賃金制度の変遷の特質

4.1　日本企業の賃金制度の変遷の特質を整理する
4.1.1　分析の枠組み　―経営戦略の視点から

以上の新日鐵と東芝の賃金制度の変遷をみると，業種が異なるにもかかわらず，経営戦略の基本的な方向とそれに対応した賃金制度には共通する点が多い。結論では，この点を明らかにしていきたい。まず，経営戦略の変遷を整理する必要がある。図表終-3をみてもらいたい。同図表は図表終-1と図表終-2で示されている両社の経営指標の推移を再掲し，経営戦略の変遷を経営規模（新日鐵「粗鋼生産量」，東芝「売上高」）と従業員数

図表終-3 ◆新日鐵と東芝の経営戦略（経営規模と従業員数）の変遷

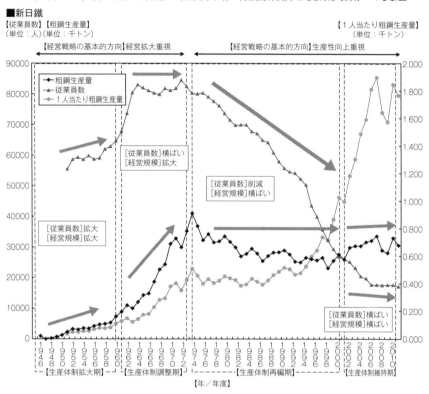

の指標に注目し整理したものである。両社の経営戦略の変遷は，次の4つの期に区分できる。

第1期は，経営規模，従業員数ともに拡大する戦略を指向した時期であり，この期を「生産体制拡大期」と呼ぶことにする。新日鐵では高度成長前夜期が，東芝では高度成長期がこの期に該当する。

第2期は，従業員数を維持しつつ，経営規模の拡大戦略を継続した時期であり，この期を「生産体制調整期」と呼ぶことにする。新日鐵は高度成長期，東芝は安定成長期からバブル経済期までの期間である。

終章　これからの日本の賃金制度の方向 —総括と展望　203

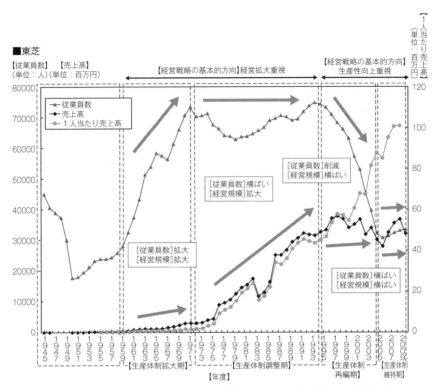

(注) 出典，経営指標の処理等については，図表終-1，および図表終-2の注を参照。

　以上の第1期と第2期は経営拡大重視を基本とする経営戦略であったのに対して，第3期と第4期は生産性向上重視の戦略に転換している。第3期は経営規模は維持しつつ，従業員数を削減する経営戦略を指向した時期であり，この期を「生産体制再編期」と呼ぶことにする。新日鐵は安定成長期から1990年代後半までの期間，東芝は1990年代後半から2000年代前半までの期間である。

　最後の期は経営規模，従業員数ともに現状維持とする時期であり，この期を「生産体制維持期」と呼ぶことにする。新日鐵では2000年以降，東芝

では2000年代後半以降がこの期に該当する。

このように両社は，時期はやや異なるものの，同じ経営戦略の変遷を遂げている。そこで，ここで示した経営戦略の変遷の区分に沿って，両社の賃金制度の変遷の共通性を整理していくことにする。なお，新日鐵は技術職と主務職で異なる賃金制度をとってきたので，以下では断りのない限り技術職の賃金制度を取り上げる。

4.1.2 全体構成の変化 ―安定賃金と業績連動賃金の構成変化

図表終-4をみてもらいたい。新日鐵と東芝における戦後の賃金制度の特質を，前述した経営戦略の変遷の区分に沿って整理したものである。生産体制拡大期から生産体制調整期までの賃金制度は，各期の経営戦略の下で改定が行われているが，生産体制維持期では，生産体制再編期の制度が継続されている。そのため，以下の分析は生産体制拡大期から生産体制調整期までの賃金制度の変遷の特質を取り上げることにする。

まず，基本賃金の全体構成の特質をみると，対応する時期は両社で若干異なるが，その変遷に共通した動きがみられる。それは，安定賃金と業績連動賃金の構成からはじまり，安定賃金の拡大と業績連動賃金の縮小（廃止）を経て，安定賃金の縮小と業績連動賃金の拡大（再設置）へと変遷したことである。

経営再建が進められた生産体制拡大期は戦後の混乱期のなかで立ち遅れていた競争力を回復するために，従業員の増員によって経営規模の拡大を進める経営戦略がとられた。この戦略に合わせて，従業員が生産活動に専念できるための安定賃金と，生産の拡大と賃金を結びつけるための業績連動賃金から構成される，同期以前に導入された賃金制度が継続された。なお，東芝については同期に移行する前に業績連動賃金は廃止され，安定賃金一本となった。

終章　これからの日本の賃金制度の方向 ―総括と展望　205

図表終-4◆経営戦略別に整理した新日鐵と東芝の賃金制度の変遷の特質

			経営戦略別にみた時代区分			
			【経営戦略の基本的方向】経営拡大重視		【経営戦略の基本的方向】生産性向上重視	
			生産体制拡大期	生産体制調整期	生産体制再編期	生産体制維持期
終戦直後からの時代区分		新日鐵	高度成長前夜期	高度成長期	安定成長期～1990年代	2000年以降
		東芝	高度成長期	安定成長期～バブル経済期	バブル経済崩壊～2000年代前半	2000年代後半以降
賃金制度の特質	全体構成の変化	新日鐵（技術職）	・「安定賃金」と「業績連動賃金」の構成	・「安定賃金」の増加、「業績連動賃金」の減少	・「安定賃金」の減少、「業績連動賃金」の拡大 ・賃金制度の統一	―
		東芝	・「安定賃金」のみの構成	・「安定賃金」のみの構成	・「業績連動賃金」の再設置による「安定賃金」と「業績連動賃金」の組み合わせ	―
	安定賃金	新日鐵（技術職）	・「従業員基準型（年功）」のみの構成	・「仕事基準型」の新設と増加	・「従業員基準型（年功）」の減少、「従業員基準型（能力）」の新設 ・「仕事基準型」の減少 ・職務と賃金の対応関係の弾力化	―
		東芝	・「従業員基準型（年功）」のみの構成に「仕事基準型」と「従業員基準型（能力）」が新設	・「仕事基準型」の拡大 ・「従業員基準型（能力）」の縮小・廃止	・「従業員基準型（年功）」と「仕事基準型」の縮小 ・「従業員基準型（能力）」の再設置	―
	業績連動賃金	新日鐵（技術職）	・「団体型」のみの構成	・「団体型」の減少と「個人型」の新設	・団体別に決められる業績基準額における年功要素の排除 ・「団体型」の廃止と「個人型」の増加	―
		東芝	―	―	・「団体型」の再設置	―

(出典) 筆者作成。

　生産体制調整期の経営戦略は，生産体制拡大期に上昇した人件費を抑えつつ競争力を強化するために，従業員数を維持しつつ労働生産性の向上を通した経営規模の拡大を進める戦略をとった。それに対応する基本賃金は業績連動賃金を縮小し，安定賃金を拡大することであった。この背景について新日鐵を例にすると，設備投資を行い，生産設備の合理化，近代化が進められた結果，従来型の熟練序列の解体と新しい熟練序列の登場によって，それに合わせた賃金制度の構築が求められたことであり，それは東芝についても同様である。

　生産体制再編期に移行すると，それまでの従業員数を維持しつつ経営規

模を拡大する経営戦略は，経済活動のグローバル化などの経営環境の変化のなかで行き詰まった。国際的に賃金が高水準となったことによる競争力の低下がその背景にあった。この問題を解決するため，経営規模を調整しつつ従業員を削減して労働生産性の向上を追求する経営戦略へと転換された。それに連動して，賃金制度は成果と賃金の結びつきを重視する方向に変化し，基本賃金の構成は安定賃金の拡大から一転して，業績連動賃金の新設（再設置）と拡大へと進んだ。なお，こうした両社に共通する点に加えて，新日鐵では技術職（ブルーカラー）と主務職（ホワイトカラー）とに分かれていた賃金制度が統一され，すべての従業員を同じ賃金制度で処遇するようになった。

4.1.3 安定賃金の内部構成の変化
—処遇の公平性の基盤となる賃金要素の模索の変遷

（1）年功要素の変遷 —生活給衰退の歴史

　安定賃金の内部構成の変化は，年功要素の一貫した縮小と，職務要素および能力要素の誕生の歴史であった。この変遷は両社で共通しているが，その展開時期が異なることから，新日鐵を例にして背景を整理する。

　生産体制拡大期は，従業員数の増大による経営拡大を図る経営戦略がとられたため，年功に基づいた従業員序列と熟練序列が合致していた，戦前からの年功に応じて決まる賃金が踏襲された。しかし，生産体制調整期に入ると，従業員を増員せず労働生産性の向上によって経営拡大を図る経営戦略へと転換されたことに伴い，年功要素は縮小されている。

（2）年功要素に代わる賃金要素の模索の変遷 —仕事要素と能力要素の変化

　このような縮小の歴史をたどった年功に代わる賃金要素として注目されたのが仕事と能力であり，それに対応する賃金制度の模索が進められた。

終章　これからの日本の賃金制度の方向 ―総括と展望

生産体制調整期に入ると，先に述べた経営戦略の転換とともに，新技術の導入等による生産設備の近代化・合理化に合わせて人事管理制度の近代化が進められ，その際にアメリカの強い影響を受けて職務給が日本に持ち込まれた。

しかし，生産体制再編期に入ると，それまでの経営拡大を重視する経営戦略から，従業員数を削減しつつ労働生産性の向上を追求する戦略へと転換されたことに伴い，限られた従業員の柔軟な配置と活用による組織の柔軟性を高めていくことが求められた。ところが，職務に応じて決まる賃金ではそうした要請に適切に対応できなくなり，職務に代わって能力に応じて決まる賃金が重視されるようになった。

4.1.4　業績連動賃金の内部構成の変化
―団体型の縮小と個人型の新設・拡大

業績連動賃金の内部構成の変化にみられた特質は，団体型が縮小・廃止され，それに代わり個人型が新設・拡大される歴史である。この変遷が展開する時期は両社で若干異なることから，新日鐵を例にしてその背景を整理していく。

生産体制拡大期は，経営規模の拡大を目指して必要な従業員の集団への参画意欲を引き出すため，戦前からの団体型が踏襲された。生産体制調整期に入り従業員数を維持しつつ労働生産性の向上によって経営規模の拡大を図る戦略がとられると，従業員個々人の仕事の効率を高めることが重要になり，個人の成果に応じて決まる個人型が新設される一方で，団体型は次第に縮小された。生産体制調整期以上に労働生産性の向上が重視された生産体制再編期に入るとその動きは加速し，業績連動賃金は個人の成果と賃金の結びつきを強め，団体型が廃止されるとともに個人型の拡大が進められた。

図表終-5 ◆経営戦略別に整理した新日鐵と東芝の安定賃金の内部構成の変化の特質

			経営戦略別にみた時代区分			
			【経営戦略の基本的方向】経営拡大重視		【経営戦略の基本的方向】生産性向上重視	
			生産体制拡大期	生産体制調整期	生産体制再編期	生産体制維持期
終戦直後からの時代区分		新日鐵	高度成長前夜期	高度成長期	安定成長期～1990年代	2000年以降
		東芝	高度成長期	安定成長期～バブル経済期	バブル経済崩壊～2000年代前半	2000年代後半以降
個別賃金要素	生活給	新日鐵(技術職)	・身分別年齢別初任給+昇給	・学歴別初任給+資格別昇給	・年齢別定額給	—
		東芝	・学歴別初任給+資格別昇給	・学歴別初任給+資格別昇給	・年齢別定額給	—
	職務給	新日鐵(技術職)	—	・導入(同一職級複数賃率)	・職務序列と賃金序列の対応関係の弾力化	—
		東芝	・導入(同一職務等級同一賃金)	・職務序列と賃金序列の対応関係の弾力化	・職務序列と賃金序列の対応関係の一層の弾力化	—
	能力給	新日鐵(主務職)	—	・導入(資格別基準給+資格別昇給)	・資格別定額給	—
		東芝	・導入(本給×資格別係数)	(・縮小と廃止)	・再設置(資格別定額給)	—

(出典) 筆者作成。

4.1.5 個別賃金要素の決め方の変化

　これまでは全体構成，安定賃金と業績連動賃金の内部構成の変化の特質を検証してきた。それらを踏まえて，基本賃金の基盤である安定賃金に焦点を絞り，安定賃金を構成する個々の賃金要素の決め方の変化の特質を確認する。なお，図表終-5に示すように，個別賃金要素の決め方の変化が現れる時期は両社で若干異なるが，その変化に共通した動きがみられるので，新日鐵を中心に整理していくことにする。

(1) 生活給 ―積み上げ方式から定額方式へ

　新日鐵では，基本給（東芝では本給）と呼称された，年功を決定基準とする従業員基準型の生活給の変化をみると，生産体制拡大期は戦時中の賃金統制下で形成された身分別年齢別初任給に昇給を積み重ねる方式が踏襲

されていたが，生産体制調整期には人事管理制度の近代化に合わせて学歴別初任給に資格別昇給を積み上げる方式に見直された。この決め方は，生産体制再編期に入ると生活保障機能に特化するため，年齢別定額給に見直された。

(2) 職務給 ―アメリカ型から日本型への変化

職務の価値に応じて決まる賃金要素（以下「職務給」）は，生産体制調整期に生活給に代わる賃金要素として導入された。導入当初は職務の価値に応じて賃金を決める同一職級複数賃率の形態がとられた。生産体制再編期に入り，いったんは職務給本来の同一職級同一賃金としたものの，職級が上がらないと昇給が行われないことに対する従業員の不満が高まる昇給の頭打ち問題が起きた。さらに，経営戦略が従業員数を維持しつつ労働生産性の向上によって経営拡大を図ることから，経営規模を維持しつつ従業員数を大幅に削減すること（つまり，大幅な労働生産性の向上）によって経営拡大を図ることへと転換するに伴い，限られた従業員による柔軟な人員配置を可能とするために，職務給は職務と賃金の対応関係の弾力化と評価単位の職務の大ぐくり化等が行われた。

(3) 能力給 ―資格制度に連動した積み上げ方式から定額方式へ

生活給に代わる賃金要素として，職務給と平行して能力に応じて決まる賃金要素（以下「能力給」）が生産体制調整期に導入された。導入当初は，資格等級に応じた基準額に昇給額を加える積み上げ方式が主流であったが，労働力構成の高齢化，高学歴化が進むなかで賃金コストが上昇したこと等から，生産体制再編期以降は資格等級に対応した定額給となった。

4.2 日本企業の賃金制度の変遷の特質の整理から先行研究を検証する

以上の賃金制度の変遷の考察を踏まえて，これまでの賃金問題をめぐる主要な議論を改めて検証していくことにする。これによって本書が，序章

で提示した分析視点である「賃金制度は経営環境に規定される」に立った戦後の賃金制度に関わる先行研究が明らかにできなかった部分の何を明らかにしたのかを，さらに，明らかにされている部分の何を追証したかを確認できるからである。

　ここで取り上げる議論は，職務給導入をめぐる議論，知的熟練をめぐる議論，1990年代以降の成果主義賃金をめぐる議論の3点である。

4.2.1　職務給導入をめぐる議論について

　賃金制度の長期的変遷の分析を行った孫田（1970：169-177）が主張する職務給導入の背景は，戦後の経済復興から高度成長への変貌のなか，積極的な設備投資，新技術の導入等による熟練の平準化と職務の高度化が進んだ結果，年功による賃金序列が職場の秩序を反映していないことに対する若年層や中途採用者の不満が大きくなり，公平な処遇の維持が困難になったことであった。

　本書でも新技術導入と設備投資による職務内容の変容（熟練の平準化と職務の高度化）が職場の秩序と賃金序列の乖離を生み，処遇の公平性の維持が困難になったことが職務給導入の背景にある点は確認された。しかし，本書が明らかにした，それ以上に重要なことは，アメリカの強い影響を受けて職務給が導入されただけではなく，その形態がその後の経営戦略に対応して変化したことである。つまり，生産体制調整期と生産体制再編期には労働生産性の向上を指向する経営戦略が強化され，それに伴い柔軟な人員配置を実現するために職務序列と賃金序列の対応関係の緩和と評価単位の大ぐくり化が行われたのである。

　総じて，孫田が検証した職務給導入の背景を経営戦略との連動で追証しただけではなく，導入以降の戦略の変化に対応した職務給導入後の変容を本書は明らかにしたのである。

4.2.2 知的熟練をめぐる議論について

小池（1991，1997，2005）は，日本企業の競争力の源泉を長期雇用の下での知的熟練の形成（能力向上）と昇進をめぐる従業員間の競争に求め，それに対応する年功カーブを描く賃金は年齢給や勤続給によるものではなく，積み上げ型の資格別範囲給によるものであり，その賃金決定は能力序列に基づいているとしている。年齢や勤続年数等の年功要素に基づいた賃金では，能力向上のインセンティブが働かないことから，能力と賃金を結びつけることによって従業員の能力向上インセンティブを引き出しているのである。

本書においても，小池が主張する賃金と能力を結びつける論理——企業が競争力を高めるには従業員の能力向上（知的熟練の形成）が不可欠であり，賃金はそれを支えるために能力に基づいて決められる必要があること——は確認される。つまり，生産体制調整期においては，従業員を増員せず労働生産性の向上によって経営の拡大を図る経営戦略がとられ，それに伴い，現有人員の柔軟な配置によって組織の柔軟性を高めることが必要になり，能力序列に応じて決まる賃金が重視された点である。また，経営の拡大が進められた日本の高度成長期の企業行動に注目する研究に基づく小池理論は，従業員数を維持しつつ経営の拡大を推進した安定成長期にも適応できることを示している。すなわち，競争力強化を図るための経営効率のよりいっそうの改善が追求され，それを実現するために限られた従業員の能力のさらなる活用が求められ，能力に応じて決まる賃金が引き続き重視されたのである。

しかし，バブル経済崩壊後の両社の動きをみると，小池理論が想定していない状況が発生した。すなわち，生産体制再編期に入ると労働生産性の大幅な向上を図る戦略が追求され，それを実現するために従業員の配置の柔軟性の活用に加えて，従業員のインセンティブを高めるための成果が重

視されたのである。それに合わせて賃金制度は，能力・成果と賃金の結びつきを重視する方向に変容した。

4.2.3　1990年代以降の賃金改革をめぐる議論について

　石田（2006）は6社の事例研究をもとに，1990年代以降の賃金改革を能力主義の賃金制度から成果主義のそれへの転換とし，賃金の構成要素は年功給と能力給の組み合わせから役割給に変化していることを主張する。この賃金改革の背景には，右肩上がりの市場環境下で従業員の能力向上が結果として経営業績に結びつき，しかも制度上増大する賃金コストが経営の拡大のなかで吸収されるという暗黙の前提が，1990年代以降の経営環境の変化によって崩壊したことがある。組織内の公平性を重視して設計された能力主義の賃金制度は行き詰まり，市場の論理に立ってコンピテンシーと成果を重視する人事政策の下，組織目標の達成に貢献するために，必要な役割に基づいた賃金制度の構築が進められたとしている。

　本書でも石田が主張する賃金制度改革の背景——右肩上がりの市場環境下で従業員の能力向上が結果として経営業績に結びつき，しかも制度上増大する賃金コストが経営の拡大のなかで吸収されるという暗黙の前提が崩壊していること——を以下に示す事実をもって確認した。すなわち，生産体制調整期は従業員数を維持しつつ，経営規模の拡大によって労働生産性の向上を図り，増加する人件費を抑えることができたものの，生産体制再編期に入ると，このシナリオは立ち行かなくなり，労働生産性を大幅に高める経営戦略に合わせて賃金制度改革が進められたのである。しかし，その改革の方向は異なり，本書は賃金制度が能力・成果と賃金の結びつきを強める方向で転換することを明らかにしたのに対して，石田は仕事・成果の結びつきを強める方向で転換したとしている。

　賃金改革の基本的な方向が賃金と成果の結びつきを強めている点につい

終章　これからの日本の賃金制度の方向 ―総括と展望　　213

ては一致しているものの，賃金制度の基盤となる安定賃金に対する認識の違いは，労働生産性の大幅な向上を図る戦略に合わせた制度設計に対する考え方の違いにある。石田は労働生産性の大幅な向上を図るには，従業員が担当する仕事の担当範囲を明確にする必要があり，それを職務に応じた処遇で実現させているとしている。これに対し，本書は労働生産性の大幅な向上を図るには，従業員の配置の柔軟性と活用を高める必要があり，それに対応するには職務に応じた賃金では難しく，能力に応じた賃金が必要であることを明らかにしている。

第2節　展望　―賃金制度改革の方向を考える

　これまで明らかにしてきた戦後の変遷を通して，生産体制維持期にある現在の賃金制度改革の方向を考えてみると，安定賃金の序列づけと業績連動賃金の役割の変化が注目される。

　まず，前者をみると，経営再建が進められた生産体制拡大期は，戦後の混乱期のなかで立ち遅れていた競争力を回復するために，従業員数の増大による経営の拡大を図る経営戦略がとられ，これに合わせて，年功に基づいた従業員序列と熟練序列が合致していた戦前からの年功に応じて決まる賃金が踏襲された。しかし，生産体制調整期に入ると，生産体制拡大期に上昇した人件費を抑えつつ競争力を強化するために，従業員を増員せず労働生産性の向上によって経営拡大を図る経営戦略へと転換された。それに合わせて，アメリカの強い影響を受けて職務に基づく賃金制度が重視された。こうした動きは，生産体制再編期に移行して経営環境がさらに厳しくなると行き詰まった。国際的に賃金が高水準となったことによる競争力の

低下が，その背景にあった。この問題を解決するべく，企業が経営規模を調整しつつ従業員を削減して労働生産性の向上を追求する経営戦略へと転換したため，職務と賃金の関係が弾力化され，能力による決め方が重視されるようになったのである。つまり，賃金制度の職務序列重視型から能力序列重視型への転換である。

次に，業績連動賃金の構造変化をみると，生産体制拡大期は生産の拡大と賃金を結びつけるための団体型が重視されたが，生産体制調整期になると縮小した。生産体制再編期に入ると経営環境が厳しくなるなか，労働生産性を高めるために成果と個人の結びつきを強めるようになり，縮小した業績連動賃金は再び拡大するとともに，団体型に代わり個人型が重視されるようになったのである。

以上の点を踏まえると，生産体制維持期にある現在の賃金制度の展望は次のようになるだろう。グローバル競争の激化，技術革新の進展等の厳しい経営環境のなかで競争力を維持し続けるには，日本企業は生産性の向上，製品の高付加価値化を加速させることが不可欠である。この経営戦略との関連を強める賃金制度は安定賃金の能力序列化をいっそう強め，業績連動賃金を増やす方向で変化することになろう。日本の代表的企業である新日鐵と東芝にみる賃金制度の歴史的変遷は，賃金制度のこうした方向を示唆しているといえる。

第3節　今後の研究課題　―全従業員の全賃金要素を含めた賃金制度の分析を目指して

最後に，本書の今後の課題を以下に示す。

第1は，賞与・一時金を含めた賃金制度の変遷の分析である。賃金制度

終章　これからの日本の賃金制度の方向 ―総括と展望　　*215*

を構成する基本要素には，本書で取り上げている基本賃金の他に賞与・一時金があるが，企業の基本賃金と賞与・一時金に対するとらえ方は異なる。賞与・一時金は，従業員の企業にとっての短期的価値の金銭的な表現であるのに対して，基本賃金は長期的価値の金銭的な表現である。本書は賃金に占める割合が高く，従業員の生活基盤として位置づけられている基本賃金に焦点を当てている。

　しかし，バブル経済崩壊後の経営改革の一環として，賞与・一時金と成果・業績の結びつきを強化する動きがみられた。業績連動型賞与を導入する動きは，こうした流れのなかで進められた取り組みである。今後の賃金制度の方向を検証するには，賞与・一時金を含めた賃金制度全体の分析が不可欠である。

　第2は，賃金制度の分析対象を一般者（労働組合員）だけではなく，管理職まで拡張することである。本書が一般者を対象にしたのは，文書史料が収集しやすく，内容も豊富であるからである。それに対し，管理職の賃金制度に関する文書史料は一般に公開されていないため，史料収集は困難な状況にある。なお，本書では，文献研究を補完するためにインタビュー調査も行っているが，その対象者は一般者を組合員とする労働組合関係者である。管理職の賃金制度の実態を明らかにするには人事関係者へのインタビュー調査が不可欠であるが，研究協力を得るのが難しい状況にある。管理職を含めた従業員全体に関わる賃金制度を分析することが，今後の研究課題である。

資　料
インタビュー調査の実施概要

No	対象者	実施時期	インタビュー内容
1	元鉄鋼労連常任顧問　千葉利雄氏	1998年2月5日	新日鐵の賃金制度の変遷
2	元鉄鋼労連常任顧問　千葉利雄氏	1998年2月16日	新日鐵の賃金制度の変遷
3	金属労協顧問　　　　梅原志朗氏	2007年4月13日	東芝の賃金制度の変遷
4	金属労協顧問　　　　梅原志朗氏	2011年12月19日	東芝の賃金制度の変遷
5	金属労協顧問　　　　梅原志朗氏	2012年5月25日	東芝の賃金制度の変遷
6	金属労協顧問　　　　梅原志朗氏	2012年12月5日	東芝の賃金制度の変遷
7	金属労協顧問　　　　梅原志朗氏	2013年6月21日	東芝の賃金制度の変遷

参考文献

〈文献資料〉

石田光男（1990）『賃金の社会科学』中央経済社。
─────（1992a）「十條製紙の職務給の変遷（上）」『評論・社会科学』第44号，同志社大学人文学会，pp.37-98。
─────（1992b）「十條製紙の職務給の変遷（下）」『評論・社会科学』第45号，同志社大学人文学会，pp.45-89。
─────（2006）「賃金制度改革の着地点」『日本労働研究雑誌』No.554，労働政策研究・研修機構，pp.47-60。
石塚拓郎（1988）「鉄鋼大手の賃金制度改訂－その背景と取組み経緯」『賃金実務』No.593，産業労働調査所。
─────（1996）「鉄鋼総合各社の人事・賃金制度改訂」『日本労働研究雑誌』No.430，日本労働研究機構，pp.51-60。
伊藤隆（2007）「歴史研究とオーラルヒストリー」『大原社会問題研究所雑誌』第585号，法政大学大原社会問題研究所，pp.1-16。
今野浩一郎（1996）『人事管理入門』日本経済新聞社。
─────（1998）『勝ち抜く賃金改革』日本経済新聞社。
今野浩一郎・佐藤博樹（2009）『人事管理入門（第2版）』日本経済新聞社。
今野浩一郎・中央職業能力開発協会（2007）『人事・人材開発3級』中央職業能力開発協会（社会保険研究所）。
氏原正治郎（1961）『日本の労使関係』東京大学出版会。
梅崎修（2008a）「賃金制度」仁田道夫・久本憲夫編『日本的雇用システム』ナカニシヤ出版，pp.73-106。
─────（2008b）『職能資格制度・職能給オーラルヒストリー』（平成18年度文部科学省科学研究費補助金〔若手助成B〕）
梅崎修・南雲智映・八代充史（2008）『職能資格制度・職能給オーラルヒストリー』（平成19年度文部科学省科学研究費補助金〔基盤研究A〕）。
梅原志朗（1962）「東芝における仕事給導入の経過と内容」『電機労連調査時報』No.53，全日本電機機器労働組合連合会。
─────（1971）「東京芝浦電気の賃金交渉－十分な成果をあげ得なかった今次春闘」『賃金実務』No.194，産業労働調査所。
─────（1972）「東芝労組のケース　賃金要求書の作り方－関連資料の収集・分析と活用のしかた」『賃金実務』No.225，産業労働調査所。
─────（1977）「東芝の賃金体系と中高年層の問題」『賃金と社会保障』No.720，労働旬報社。

────（1979）「定年延長へ－No. 2」『賃金実務』No.404，産業労働調査所。
────（1980）「東京芝浦電気」『60歳定年制と賃金制度の改善』産業労働調査所。
大島毅一（1961）「八幡製鉄の作業長制度」『労務管理通信』Vol.1，No.2，財団法人労働法令協会。
小野恒雄（1969）「戦後「賃金制度」の変遷」『労政時報』第2000号，労務行政研究所。
加藤源九郎（1972）『賃金制度の話』日本経済新聞社。
加藤尚文（1967）「基本給体系合理化の現実とその方向」『事例を中心とした戦後の賃金』技報堂，pp.117-231。
鼎哲郎（1967）「八幡製鉄の新人事給与制度」『賃金通信』Vol.20，No.1，財団法人労働法令協会。
金子毅（2003）『八幡製鉄所・職工たちの社会誌』草風館。
金子美雄編著（1972）『賃金 その過去・現在・未来』日本労働協会。
川野廣（1990）「職務給・職能給の導入と賃金格差の変容」『日本の賃金構造と賃金決定機構－年功賃金制度の吟味－』関西大学出版部，pp.124-138。
木元進一郎（1996）「職能給・職能資格制度と人事考課－A化学企業の事例－」『経営論集』第43巻第3・4合併号，明治大学経営学研究所，pp.1-40。
楠田丘（1987）『新時代の賃金管理』日本生産性本部。
────（2001）「戦後日本の賃金制度の総括」雇用システム研究センター日本の賃金2000プロジェクト編『日本の賃金』社会経済生産性本部生産性労働情報センター，pp.3-22。
楠田丘・石田光男（2004）『賃金とは何か－戦後日本の人事・賃金制度史』中央経済社。
小池和男（1991）『仕事の経済学』東洋経済新報社。
────（1997）『日本企業の人材形成』中央公論社。
────（2005）『仕事の経済学〔第3版〕』東洋経済新報社。
厚生労働省労働基準局（2011）『平成22年版 労働基準法 上巻』労務行政。
幸田浩文（2002）「戦後わが国にみる賃金体系合理化の史的展開（1）」『経営論集』第56号，東洋大学，pp.79-93。
────（2003a）「戦後わが国にみる賃金体系合理化の史的展開（2）」『経営論集』第59号，東洋大学，pp.29-41。
────（2003b）「戦後わが国にみる賃金体系合理化の史的展開（3）」『経営論集』第61号，東洋大学，pp.11-26。
────（2004）「戦後わが国にみる賃金体系合理化の史的展開（4）」『経営論集』第64号，東洋大学，pp.33-51。
国際産業・労働研究センター（1999）『戦後鉄鋼業における賃金・人事制度』国際産業・労働研究センター。

小松廣（1968）『作業長制度』労働法制協会。
雇用振興協会編（1985）『これからの昇給制度』産業労働調査所。
財団法人労働法令協会（1950）「日本製鉄の能率給の推移」『賃金通信』Vol.3, No.8，財団法人労働法令協会。
─── (1961)「八幡製鉄の作業長制度」『労務管理通信』Vol.1, No.2，財団法人労働法令協会。
逆瀬川潔（1986）『賃金制度の知識』日本経済新聞社。
佐護誉（1981）「企業内賃金構造」田島司郎・江口傅・佐護誉『賃金の経営学』ミネルヴァ書房，pp.98-183。
笹島芳雄（1995）『賃金決定の手引き（日経文庫）』日本経済新聞社。
─── (2001)『賃金』日本労働研究機構。
産業労働調査所（1960）「八幡製鉄－各社賃金体系の実例」『労働週報』Vol.23, No.338，産業労働調査所。
─── (1970a)「職種評価を経て賃金を決定した東芝の仕事給」『賃金実務』No.166，産業労働調査所。
─── (1970b)「東京芝浦電気の仕事給制度」『賃金実務』No.175，産業労働調査所。
─── (1977)「鉄鋼5社の賃金体系」『賃金実務』No.338，産業労働調査所。
─── (1982)「主要労組の賃金制度」『賃金実務』No.460，産業労働調査所。
社史編さん委員会（1981a）『炎とともに　八幡製鐵株式會社史』新日本製鐵株式會社。
─── (1981b)『炎とともに　富士製鐵株式會社史』新日本製鐵株式會社。
─── (1981c)『炎とともに　新日本製鐵株式會社十年史』新日本製鐵株式會社。
昭和同人会編（1960）『わが国賃金構造の史的考察』至誠堂。
新日本製鉄八幡労働組合（1970）『八幡製鉄労働運動史　続編－上巻』新日本製鉄八幡労働組合。
─── (1975)『八幡製鉄労働運動史　続編－中巻』新日本製鉄八幡労働組合。
─── (1978)『八幡製鉄労働運動史　続編－下巻』新日本製鉄八幡労働組合。
新日本製鐵労働組合連合会（1982）『新日鐵労働運動史Ⅰ』新日本製鐵労働組合連合会。
─── (1994)『新日鐵労働運動史Ⅱ』新日本製鐵労働組合連合会。
─── (2004)『新日鐵労働運動史Ⅲ』新日本製鐵労働組合連合会。
新日本製鉄労働部（1973）「新日鉄における給与制度の全容」『賃金通信』Vol.26, No.26，財団法人労働法令協会。
政策研究大学院大学C.O.Eオーラル・政策研究プロジェクト編（2003）『楠田丘オーラル・ヒストリー』政策研究大学院大学。
総評調査部（1962）『鉄鋼職務給の内容と問題点』労働出版社。

高橋洸（1967）「賃金形態の特質と実態」舟橋尚道編著『日本の賃金』日本評論社，pp.77-106。

田口和雄（2003）「新日本製鐵における戦後の賃金制度の変遷－リーディングカンパニーにみる戦後の賃金制度の制度的分析」『機械経済研究』No.34，財団法人機械振興協会経済研究所，pp.1-17。

――――（2004a）「新日本製鐵にみる賃金制度の戦後史」『機械経済研究』No.35，財団法人機械振興協会経済研究所，pp.1-65。

――――（2004b）「新日本製鐵における賃金制度の変遷とその特質－賃金制度改革の方向を探る」『日本労働研究雑誌』第529号，労働政策研究・研修機構，pp.5-12。

――――（2007a）「東芝における第二次世界大戦後の人事・賃金制度の変遷（1）」『高千穂論叢』第42巻第3号，高千穂大学高千穂学会，pp.1-17。

――――（2007b）「東芝における第二次世界大戦後の人事・賃金制度の変遷（2）」『高千穂論叢』第42巻第4号，高千穂大学高千穂学会，pp.1-25。

――――（2008a）「東芝における第二次世界大戦後の人事・賃金制度の変遷（3）」『高千穂論叢』第43巻第1号，高千穂大学高千穂学会，pp.97-122。

――――（2008b）「東芝における第二次世界大戦後の人事・賃金制度の変遷（4）」『高千穂論叢』第43巻第2号，高千穂大学高千穂学会，pp.1-22。

――――（2008c）「東芝における第二次世界大戦後の人事・賃金制度の変遷（5）」『高千穂論叢』第43巻第3号，高千穂大学高千穂学会，pp.19-43。

――――（2011）「東芝における賃金制度の変遷とその特質－賃金制度再編の方向を探る」『大原社会問題研究所雑誌』第633号，法政大学大原社会問題研究所，pp.36-51。

田口和雄・鈴木誠（2013）『梅原志朗オーラルヒストリー』（平成25年度文部科学省科学研究費補助金［基盤研究B］）

田中安郎（1962a）「八幡製鐵で提言された職務給制度の全容」『賃金通信』Vol.15，No.12，財団法人労働法令協会。

――――（1962b）「八幡製鉄の職務給導入」『日労研資料』No.551，日本労働研究所。

――――（1962c）「八幡製鉄の職務給について」『鉄鋼労務通信』No.802，日本鉄鋼連盟。

千葉利雄（1998）『戦後賃金運動－奇跡と展望－』日本労働研究機構。

茶木登茂一（1967）「八幡製鉄の新人事制度と職能給」『銀行労働調査時報』No.208，銀行労働研究会。

東京芝浦電気株式会社編（1977）『東芝百年史』東京芝浦電気株式会社。

東京芝浦電気株式会社総合企画部社史編纂室編（1963）『東京芝浦電気株式会社八十五年史』東京芝浦電気株式会社。

東芝労組30年史編纂委員会編（1981）『東芝労働組合30年運動史』東芝労働組合。
東芝労組50年史編纂委員会編（2002）『東芝労働組合50年運動史』東芝労働組合。
東芝労働運動史研究会（1975）『1950年レッドパージ斗争の断片－戦後東芝労働運動史』東芝労働運動史研究会。
東芝労連10年史編纂委員会編（1964）『組合運動史』東芝労働組合連合会。
内閣府経済社会総合研究所（2001）『国民経済計算報告（昭和30年～平成10年）』財務省印刷局。
中井清一（1964）「八幡製鉄の職務給をめぐる諸問題」『賃金と社会保障』No.325, 労働旬報社。
長崎文康（1988）「新日本製鉄における給与制度改定について－改定された新日本製鉄の賃金制度の全容」『労政時報』第2883号, 労務行政研究所。
――――（1995）「新日本製鉄の新管理職人事給与制度」『労政時報』第3228号, 労務行政研究所。
日本製鉄株式会社史編集委員会（1959）『日本製鐵株式會社史』日本製鉄史編集委員会。
日本賃金資料センター（1965）「八幡製鉄の職務給制度」『賃金調査資料』Vol.2, No.55, 日本賃金資料センター。
日本鐵鋼産業労働組合連合会編（1981）『鐵鋼労連運動史－30年の歩み－』日本鐵鋼産業労働組合連合会。
日本評論社編集部（1967）「八幡製鉄の新人事制度」『労働問題』第111号, 日本評論社。
日本労働研究機構（1997）『企業内賃金決定システムの新しい潮流』日本労働研究機構。
野村正實（2007）『日本的雇用慣行－全体像構築の試み－』ミネルヴァ書房。
橋元秀一（1984）「戦後型年功賃金の実態－M造船の事例に則して」『経済学研究』第27号, 東京大学大学院経済学研究会, pp.33-48。
――――（1985）「戦後型年功賃金の形成とその意義－1950年代のM造船における賃金問題の展開－」『研究資料月報』第325号, 法政大学大原社会問題研究所, pp.1-23。
――――（1992）「能力主義と賃金体系－造船重機産業の事例研究を通して」栗田健編『現代日本の労使関係－効率性のバランスシート－』労働科学研究所出版部, pp.203-228。
――――（2003）「職能等級制度と職能給－造船重機械メーカーX社における導入とその意味－」佐口和郎・橋元秀一編『人事労務管理の歴史分析』ミネルヴァ書房, pp.63-108。
兵藤釗（1997a）『労働の戦後史（上）』東京大学出版会。
――――（1997b）『労働の戦後史（下）』東京大学出版会。

福岡道生（1967）「八幡製鉄の新人事・給与制度並びに新能率給制度について」『日労研資料』No.717，日本労働研究所。
――――（2002）『人を活かす！－現場からの経営労務史』日経連出版部。
富士製鐵株式會社室蘭製鐵所（1958）『室蘭製鐵所50年史』富士製鐵株式會社室蘭製鐵所。
富士総合研究所（1998）『「実力主義」・「成果主義」的処遇に関する実態調査』富士総合研究所。
舟橋尚道（1961）「企業内賃金構造」舟橋尚道・篠原三代平編著『日本型賃金構造の研究』労働法学研究所，pp.293-326。
――――（1967）「企業内賃金構造」舟橋尚道編著『講座労働経済2　日本の賃金』日本評論社，pp.47-76。
孫田良平編著（1970）『年功賃金の歩みと未来』産業労働調査所。
孫田良平（1972）「賃金体系の変動」金子美雄編著『賃金　その過去・現在・未来』日本労働協会，pp.153-207。
――――（1978）『年功賃金の終焉』日本経済新聞社。
松本誠夫（1981）「新日本製鐵の定年延長に伴う人事管理諸制度の改正－主務・医務職社員の諸制度を中心にして－」『賃金実務』No.441，産業労働調査所。
宮部尭（1967）「八幡製鉄の新能率給制度の全容」『賃金通信』Vol.20，No.16，財団法人労働法令協会。
山田健司（1997）「改定された鉄鋼大手の人事処遇制度　新日本製鉄」『労政時報』第3309号，労務行政研究所。
山本潔（1978）「自動車工業における賃金体系」『社会科学研究』第30巻第1号，東京大学社会科学研究所，pp.176-205。
八幡製鐵株式會社編（1950）『八幡製鐵所五十年誌』八幡製鐵株式會社。
八幡製鐵所所史編さん委員会編（1980a）『八幡製鐵所八十年史　総合史』新日本製鐵株式會社八幡製鐵所。
――――（1980b）『八幡製鐵所八十年史　部門史・上巻』新日本製鐵株式會社八幡製鐵所。
――――（1980c）『八幡製鐵所八十年史　部門史・下巻』新日本製鐵株式會社八幡製鐵所。
――――（1980d）『八幡製鐵所八十年史　資料編』新日本製鐵株式會社八幡製鐵所。
八幡製鐵所百年史編纂事務局編（2001）『世紀をこえて－八幡製鐵所の百年』新日本製鐵株式会社八幡製鐵所。
八幡製鉄労働組合（1957）『八幡製鉄労働運動史　上巻』八幡製鉄労働組合。
――――（1959）『八幡製鉄労働運動史　中巻』八幡製鉄労働組合。
――――（1960）『八幡製鉄労働運動史　下巻』八幡製鉄労働組合。
米沢敏夫（1983）「新日鉄の組織人事制度改正の狙いと内容」『賃金実務』No.476,

産業労働調査所。

労務行政研究所（1965）「"職務給でも職能給でもない"新賃金制度－東芝の創設した「仕事給」制度の経緯とその全貌－」『労政時報』第1818号，労務行政研究所。

──────（1967a）「八幡製鉄の新人事給与制度－代表5社にみる新しい人事・賃金制度－」『労政時報』第1909号，労務行政研究所。

──────（1967b）「東芝の仕事給制度（事務・技術職）」『労政時報』第1909号，労務行政研究所。

──────（1971）「新日本製鉄の新人事・給与制度－能力主義をめざす最近の人事管理制度例」『労政時報』第2085号，労務行政研究所。

──────（1980）「新日鉄の提案要旨－鉄鋼大手5社の定年延長に伴う処遇制度改定の具体的内容」『労政時報』第2526号，労務行政研究所。

──────（1982）「新日本製鉄　資格中心の処遇体系を確立したホワイトカラーの人事制度」『労政時報』第2617号，労務行政研究所。

──────（1988）「鉄鋼大手各社が提案した能力重視型賃金制度の内容」『労政時報』第2871号，労務行政研究所。

──────（1991）「新日本製鉄－改定されたフェロー制度の制定と研究員処遇制度の改正－」『労政時報』第3050号，労務行政研究所。

鷲尾悦也（1980）「新日鉄の定年延長に伴う新人事・処遇制度」『労政時報』第2533号，労務行政研究所。

Boxall, P. & Purcell, J.（2011）*Strategy and human resource management 3rd Edition*, Palgrave Macmillan.

Delery, J. E. & Doty, D. H.（1996）"Modes of Theorizing in Strategic Human Resource Management: Tests of Universalistic, Contingency, and Configurational Performance Predictions", *Academy of Management Journal*, 39-4, pp. 802-835.

Gordon, A.（1985）*The evolution of labor relations in Japan*, Harvard University Asia Center.

──────（1998）*The wages of affluence*, Harvard University press.

Guest, D. E.（1997）"Human Resource Management and Performance: A Review and Research Agenda", *International Journal of Human Resource Management*, 8-3, pp. 263-276.

Huselid, M. A.（1995）"The Impact of Human Resource Management Practices on Turnover, Productivity, and Corporate Financial Performance", *Academy of Management Journal*, 38-3, pp. 635-672.

Martocchio, J.J.（2013）*Strategic compensation 7th Edition*, Pearson.

Milkovich, G. T., Newman, J. M. & Gerhart, B. (2011) *Compensation 10th Edition*, McGraw-Hill/Irwin.
Price, J. (1996) *Japan Works*, University of Illinois Press.
Salaman, G., Storey, J. & Billsberry, J. (2005) *Strategic human resource management*, Sage.
Sanz-Valle, R., Sabater-Sanchez, R. & Aragon-Sanchez, A. (1999) "Human Resource Management and Business Strategy Links : An Empirical Study", *International Journal of Human Resource Management*, 10, pp. 655-671.
Schuler, R. S. & Jackson, S. E. (1987) "Linking Competitive Advantage with Human Resource Management Practices", *Academy of Management Journal*, 1-3, pp.207-219.
Thompson, P. (2000) The Voice of the Past: *Oral History 3rd Edition*, Oxford University Press.（酒井順子訳〔2002〕『記憶から歴史へ－オーラル・ヒストリーの世界』青木書店）
─── (2003)「オーラル・ヒストリーの可能性と日本との関連」『三田学会雑誌』第96巻3号，慶應義塾経済学会，pp.17-39。
Wright P. M., McMahan, G. C. & McWilliams, A. (1994) "Human Resources and Sustained Competitive Advantage: A Resource-based Perspective", *International Journal of Human Resource Management*, 5-2, pp. 301-326.

〈労働組合資料〉
【1】新日本製鐵
釜鉄労組企画調査部（1959）『業績手当の解説』
新日本製鐵株式會社新日本製鐵労働組合総連合会（1973）『賃金関係協定集』
新日本製鐵八幡労働組合（1975）『賃金ノート　1974.7～1975.6』
─── (1981)『賃金ノート　1981年度版』
─── (1988)『賃金ノート　1988年度版』
─── (1997)『賃金ノート　1997年度版』
新日本製鐵労働組合連合会『新日鐵労連』各号
─── (1997)「人事・処遇制度改訂特集号」『調査時報』第44号
鉄鋼労連・八幡製鉄労働組合（1967a）『第43回臨時大会議案書』
─── (1967b)『新人事制度について』
─── (1967c)『能率給について』
─── (1967d)『新・能率給，人事制度〔解説版〕』
─── (1967e)『八幡製鉄・八幡化学賃金協定書』
─── (1970)『くみあい』
日本鉄鋼産業労働組合連合会（1970）『調査時報』第102号

八幡製鉄労働組合企画調査部（1962）『第33回臨時大会資料・職務給関係資料について』
─────（1963）『協約・協定書集』
八幡製鉄労働組合調査室（1969）『賃金ノート　1968～1969』
八幡製鉄労働組合調査室（1970）『調査月報』32号
八幡製鐵勞働組合賃金對策部（1951）『給與便覽』
八幡製鐵勞働組合『中委ニュース』各号
八幡製鐵勞働組合（新日本製鐵八幡労働組合）『熱風』各号

【2】東芝

全日本金属産業労働組合協議会（1983）『6単産28組合の賃金制度』
─────（1990）『賃金体系と処遇』
─────（1995）「東芝」『賃金体系と処遇制度』
─────（2000）『賃金・処遇制度調査』
全日本電機機器労働組合連合会（1997）『電機労連賃金実態調査報告　第1集　1997年度版』
全日本電機・電子・情報関連産業労働組合連合会（2001）「東芝の賃金制度」『中闘組合の賃金制度【第2集】』
─────（2004）『電機連合賃金実態調査報告　第1集』
電機労連（1982）「東芝の賃金制度」『賃金資料－傘下組合の賃金制度－』
電機労連賃金対策部（1982）『賃金資料＜特別号＞』
東芝労働組合（1999）『TOUCH』11月号
─────『TOUCHニュース』
─────『中央委員会議案書』各年
─────『TOSHIBA UNION』
─────『東芝労組新聞』
─────『東芝労組ニュース』
東芝労働組合賃金対策部『東芝の賃金関係規程・規則集』各年
東芝労働組合連合会『東芝労連印刷』
─────『東芝労連新聞』
─────『東芝労連ニュース』
─────『労連ニュース』
東芝労働組合労働政策部『東芝の賃金関係規程・規則集』各年
堀川町労働組合賃金部（1948）『堀川町に於ける初任給調査報告』

索　引

あ

安定賃金……… 175, 177, 184, 189, 196
オーラル・ヒストリー……………… 8

か

外部競争性の原則……………… 6
加給………………………………… 45
管理職掌……………………… 131
企業間賃金構造……………… 6
企業整備闘争………………… 123
企業内賃金構造……………… 6
基礎給…………… 158, 161, 191
技能職…………………………… 135
技能職掌……………………… 131
技能序列……………… 54, 196
基本給加給…………………… 91
基本給本給…………………… 91
業績給……… 73, 95, 107, 182, 185
業績手当
　……… 40, 41, 42, 55, 56, 62, 63, 109
業績連動賃金… 175, 182, 185, 187, 190,
　196, 197, 204
業務給…………… 20, 107, 185, 186
勤務制度……………………… 158
グローバル競争……………… 156
経営戦略………… 25, 34, 116, 201
系列区分……… 68, 102, 103, 110, 186
コース制度…………………… 157, 160
国際産業・労働研究センター
　……………………… 15, 19, 20

個人型業績連動賃金……………… 175

さ

作業給…………………… 123, 124
作業職社員…………………… 46
資格区分……… 68, 70, 103, 110
資格区分別評価給…………… 184
資格制度……………………… 132
仕事基準型安定賃金……… 175, 201
仕事給……… 134, 143, 146, 189
事務・技術職………………… 137
事務技術職掌………………… 131
従業員基準型安定賃金……… 175
熟練序列……………………… 205
主事・技士…………………… 142
主任・主務・監督指導職……… 139
昇給管理……………………… 189
職階給…………………………… 17
職掌区分……… 60, 61, 71, 142, 160
職掌制度……………………… 59, 110
職能加給……………………… 66
職能給…… 12, 13, 15, 16, 18, 19, 21, 65,
　75, 86, 88, 96, 106, 109, 161, 180, 183
職能本給……………………… 66
職分制度………… 43, 44, 109, 176
職分・身分制………………… 38, 109
職務給…… 12, 13, 15, 16, 17, 18, 55, 56,
　62, 65, 72, 73, 86, 87, 92, 94, 103, 106,
　162, 181, 207
職務考課給…………………… 94
職務層区分……… 60, 68, 69, 70, 83, 84,

230　索　引

　　　85, 87, 103, 104, 110, 186
職務的賃金……………………… 86
職務の大ぐくり化…………… 92, 209
新日鐵………………………… 34, 196
新日本製鐵労働組合協議会……… 67
成果主義………………………… 212
生活給…………………………… 206
生産奨励金…………………… 21, 109
生産報奨金……………………… 40
全国官庁職員労働組合協議会…… 40
増産奨励金…… 121, 122, 123, 124, 187

た

短期の決定基準………………… 174
団体型業績連動賃金………… 175, 198
知的熟練………………………… 211
長期の決定基準………………… 174
賃金構造論……………………… 6
賃金制度改革………………… 24, 213
賃金体系論……………………… 6, 7
賃金用語………………………… 3, 4
定年延長………………………… 83
電産型賃金…………… 9, 10, 11, 14, 16
同一職級同一賃金……………… 209
東芝………………………… 116, 198

な

内部公平性の原則……………… 6
日本経営者団体連盟…………… 14

日本製鐵労働組合連合会………… 40
年功給…………………………… 20
年功序列………………………… 54
年功賃金……………………… 14, 22
能率給…………………………… 20
能力加給……………… 130, 134, 189
能力給…………………………… 209
能力序列化……………………… 214

は

配分単位………… 46, 48, 57, 65, 73, 86
1 人当たり粗鋼生産量…………… 34
堀川町工場……………………… 121

ま

身分・資格制度………… 120, 124, 187

や

役職区分………………………… 42
役職制度………………………… 120

ら

ライン・アンド・スタッフ・システム
………………………………… 131
連合国軍最高司令官総司令部
…………………………… 37, 119
労働基準法……………………… 4
労働生産性… 34, 35, 37, 116, 117, 177, 197

〔著者紹介〕

田口　和雄（たぐち　かずお）

高千穂大学経営学部教授

1970年生まれ。1998年学習院大学大学院経営学研究科博士後期課程単位修得退学。博士（経営学）。㈶機械振興協会経済研究所研究員，高千穂大学経営学部准教授を経て，2010年より現職。

主な著書に，『「経済大国」への軌跡』（共著，ミネルヴァ書房），『賃金・人事制度改革の軌跡』（共編著，ミネルヴァ書房），『入門　会社学のススメ』（共著，税務経理協会）などがある。

戦後 賃金の軌跡──鉄鋼・電機企業の検証
2017年3月10日　第1版第1刷発行

著　者　田　口　和　雄
発行者　山　本　　　継
発行所　㈱中央経済社
発売元　㈱中央経済グループ
　　　　パブリッシング

〒101-0051　東京都千代田区神田神保町1-31-2
電話　03（3293）3371（編集代表）
　　　03（3293）3381（営業代表）
http://www.chuokeizai.co.jp/
印刷／㈱堀内印刷所
製本／誠　製　本　㈱

Ⓒ 2017
Printed in Japan

＊頁の「欠落」や「順序違い」などがありましたらお取り替えいたしますので発売元までご送付ください。（送料小社負担）
ISBN978-4-502-20851-5　C3034

JCOPY〈出版者著作権管理機構委託出版物〉本書を無断で複写複製（コピー）することは，著作権法上の例外を除き，禁じられています。本書をコピーされる場合は事前に出版者著作権管理機構（JCOPY）の許諾を受けてください。
JCOPY〈http://www.jcopy.or.jp　eメール：info@jcopy.or.jp　電話：03-3513-6969〉

ベーシック＋ プラス
Basic Plus

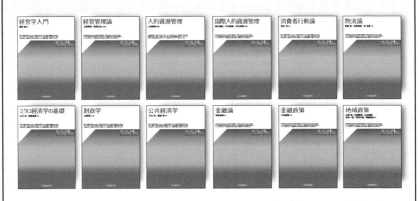

経営学入門	人的資源管理	経済学入門	金融論	法学入門
経営戦略論	組織行動論	ミクロ経済学	国際金融論	憲法
経営組織論	ファイナンス	マクロ経済学	労働経済学	民法
経営管理論	マーケティング	財政学	計量経済学	会社法
企業統治論	流通論	公共経済学	統計学	他

いま新しい時代を切り開く基礎力と応用力を
兼ね備えた人材が求められています。
このシリーズは，各学問分野の基本的な知識や
標準的な考え方を学ぶことにプラスして，
一人ひとりが主体的に思考し，行動できるような
「学び」をサポートしています。

Let's START!
学びにプラス！
成長にプラス！
ベーシック＋で
はじめよう！

中央経済社